云南省情

干部读本

主　编　杨铭书

副主编　陈一之　刘小龙　张　昕

云南民族出版社

图书在版编目 (CIP) 数据

云南省情干部读本/杨铭书主编. —昆明：云南民族出版社，2014.9（2017.6 重印）

ISBN 978-7-5367-6256-5

Ⅰ.①云… Ⅱ.①杨… Ⅲ.①云南省—概况—干部教育—学习参考资料 Ⅳ.①K927.4

中国版本图书馆 CIP 数据核字（2014）第 208237 号

责任编辑	车树清
装帧设计	贺　涛

出版发行	云南民族出版社
	（昆明市环城西路 170 号云南民族大厦 5 楼　邮编：650032）
邮　　箱	ynbook@vip.163.com
印　　制	云南天彩印务包装有限公司
开　　本	787mm×1092mm　1/16
印　　张	9.5
字　　数	160 千
版　　次	2014 年 9 月第 1 版
印　　次	2017 年 6 月第 2 次
印　　数	1601~3100 册
定　　价	35.00 元
	ISBN 978-7-5367-6256-5

主　编

杨铭书　中共云南省委党校党委书记、常务副校长

副主编

陈一之　中共云南省委党校党委委员、副校长、教授

刘小龙　中共云南省委党校省情与政策研究所所长、研究员

张　昕　中共云南省委党校科研处处长、副教授

编著者

陈　辞　中共云南省委党校省情与政策研究所副所长、副教授

和爱军　中共云南省委党校省情与政策研究所副研究员

周　波　中共云南省委党校省情与政策研究所副教授

韩　斌　中共云南省委党校省情与政策研究所副教授

潘启云　中共云南省委党校省情与政策研究所经济师

目　录

引言——关于省情

省情是指一个省的自然、地理、政治、经济、社会、文化、生态等方面的历史、现状和发展规律的综合反映，是一个多要素相互联系、相互作用，不断发展变化的动态系统。

一个省的面积、区划、人口、民族、河流、山川是省情；社会历史、经济发展、自然资源、文化特点、生态状况、战略思路也是省情。

省情是创新发展思路、进行科学决策的基本依据。省情又是动态的、不断发展变化的，对省情的认识是一个永恒的课题，需要不断分析、比较、研究和提炼，经过实践—认识—再实践—再认识不断反复。

站在新的历史起点，如何进一步深化对省情的认识，是实现云南科学发展、和谐发展、跨越发展首先要解决好的一个重大问题。我们既要立足云南看云南，又要跳出云南看云南；既要看到自身的优势条件，又要了解自己的差距和不足；既要看到发展的现状，又要看到发展的趋势和潜力。只有这样才能对云南省情有一个全面的、客观的认识和把握；只有这样才能进一步地增强忧患意识，抢抓机遇，勇于担当，艰苦创业，跨越赶超。

七彩云南

第一章　印象省情——七彩云南

"有一个美丽的地方，各族人民在这里生长。密密的寨子紧紧相连，那弯弯的江水日夜流淌……"这里，26个民族和谐共处，相生相携，你中有我，我中有你，世代团结得像一家人一样；这里，风光旖旎，秀丽壮美、引人入胜；这里，各民族人民热情好客，能歌善舞，风情无限，让人流连忘返！这里是云南——中国最具诗意的省级行政区！无论是"彩云之南""彩云南现""云下南边"，还是"七彩云南""云岭之南"，从名称到内容，云南都是一部大美之诗的绝妙命题！

位于中国西南边陲的七彩云南，兼具民族、人文、地理上的"复合多元性"的特点，给人深刻印象和让人值得自豪的就是其多样化特征！

云南的云彩

第一节 社会发展阶段的多样化

20世纪50年代以前，云南社会发育起点很低，发展极不平衡，差异很大，社会发展阶段多样。从原始社会、奴隶制社会、封建领主制社会到封建地主制社会，人类社会发展过程中的多个社会形态同时存在，具有鲜明的多元化、多样性，被称为一部"活的人类社会发展史"和"社会形态的活化石"。

中华人民共和国成立前的云南少数民族中，有60%处于封建地主制，29%处于封建领主制，1%处于奴隶制，10%处于原始社会末期。中华人民共和国成立后，在中国共产党的领导下，经过民主改革、和平协商以及采取直接过渡等办法，各少数民族分别跨越了不同的社会发展阶段，一起步入了社会主义社会。

从社会形态的维度和以中华人民共和国成立时的云南为节点来看，云南社会发展阶段具体呈现出以下多样化特征。

1. 处于原始社会末期或正从原始社会向阶级社会过渡的民族有：独龙族、怒族、傈僳族、布朗族、基诺族、佤族、景颇族、德昂族和边境地区的拉祜族、苗族、瑶族等约66万人。

独龙族

2. 处于奴隶占有制发展阶段的民族有：宁蒗、永胜、华坪等 3 县的小凉山彝族约 5 万人。

小凉山彝族

3. 处于封建领主制或正由领主制向地主制过渡或者处于封建农奴制社会发展阶段的民族有：傣族、阿昌族、藏族、哈尼族、拉祜族、普米族等约 160 万人。

傣族

4. 处于封建地主经济发展阶段的民族有：汉族、回族、白族、纳西族、壮族、布依族、瑶族、水族、蒙古族等约 300 多万人。

白族

由于历史、自然、地理方面的原因，云南"立体社会形态"往往还出现在同一个民族的内部，如大部分彝族地区实行的是封建地主制，但边远山区还存在封建领主制，小凉山还处于奴隶制之下；同是拉祜族地区，有的还处于原始社会阶段，有的正从封建领主制向地主制过渡。

20 世纪 50 年代以后，中华人民共和国把拥有 66 万人口的云南边疆民族地区划为"直接过渡地区"（简称"直过区"），使处于原始社会末期或正向阶级社会过渡的少数民族群众直接过渡到社会主义社会，实现了社会形态的千年大跨越，成为云南民族发展史上的一段佳话。整个云南民族地区的民主改革从 1951 年开始到 1958 年结束，历时整整 8 年，民主改革时间之长、形式之多，创下了中华人民共和国之最。

中华人民共和国成立近半个世纪以来尤其是改革开放 30 多年来，在中国共产党的重视和发展下，云南各少数民族实行民族区域自治，发展政治、经济和文化教育，民族社会日新月异，发生了翻天覆地的变化，人民生活水平大大提高。云南不仅实现了伟大的历史转折，而且保卫了国土的完整，各民族也纷纷走上了"共同团结奋斗、共同繁荣发展"的道路。近年来，云南省采取了一系列特殊政策，实行分类指导，大力加快少数民族地区经济社会的发展，云南呈现出经济发展、社会和谐、民族团结、边疆安宁的局面，云南民族工作走在了全国前列。

当然，抛开社会形态发展、演变的范式，一直到今天，云南社会发展的多样性，在其他领域，比如经济、文化等层面也仍然不同程度地还存在着。

第二节　经济发展水平的多样化

对应云南社会形态发展的多样性，云南经济发展水平的多样化和经济发展的不平衡性非常明显。

中华人民共和国成立初期，云南有的民族仍然处于原始社会的农村公社经济阶段，有的处于奴隶制经济阶段，有的则处于封建领主制或地主经济阶段，还有一些少数民族，如回族和白族则出现了资本主义萌芽乃至还有了资本主义工商业的初步发展。经济形态的多样性甚至体现在同一个民族内部，比如彝族，昭通地区城镇的经济形态是地主经济占主导地位，资本主义工商业有一定发展，在红河州南部、滇东北和滇中的武定、禄劝等地区的彝族则处于"封建领主经济"，而在滇西北小凉山彝族地区还保持着奴隶制统治，经济发展水平较为落后；这一历史状况所体现出的经济发展状况的不平衡，直到半个多世纪后的今天仍然十分明显，有些民族已经从整体上实现了经济发展的现代化，有的民族则在整体上还处于贫困甚至绝对贫困状态。

云南经济发展的不平衡性不仅体现在同一民族内部，而且还体现在同一领域。

中华人民共和国成立前，云南农村除城市附近有一定的商品经济外，大多数地方处于封闭、半封闭的自然经济状态。农业耕作技术基本上处于传统农业阶段，特别在边疆一些民族地区，还保留着原始的刀耕火种和游牧（耕）式的生产方式。农村经济基本上是单一粮食种植，资源开发程度低。中华人民共和国成立后，经过清匪反霸、减租退押和土地改革，农民从封建地主、土司的残酷压榨剥削中摆脱出来，接着又进行了合作化，广大农民走上社会主义集体经济道路。中共十一届三中全会后，在农村普遍推行了以家庭承包为基础、统分结合的双层经营体制。在此基础上，大力调整农业生产结构，发展多种经营，发展乡镇企业，使农业经济逐步由自然经济向商品经济转化，单一的粮食生产向农、林、牧、渔、工、商全面发展转化。

云南近代工业在第一次世界大战时期和抗日战争期间有较快发展，但基础很薄弱。1949年，全省工业企业只有1400多家，绝大多数是小型企业，以手工操作为主，职工不到6万人，钢产量仅356吨，发电量为5100万千瓦·时，机床产量仅39台。工业集中在昆明、个旧等极少数城市，许多地方特别是边疆民族地区基本没有工业。从1953年起，开始大规模进行工业建设。"大跃进"和"文化大革命"期间，工业遭受严重挫折，但仍然建设了一批工厂。中共十一届三中全会后，改革国有工业企业经营体制，调整所有制结构，大力发展卷烟、糖、茶叶、有色金属、磷化工等优势产业，加强能源、交通、通信等基础设施建设，注重发展电子工业等高新技术产业，使云南工业上了一个新台阶。到20世纪末，云南已形成具有自己特色、门类较为齐全并有一定规模、实力和水平的工业体系。全省各地州市县都建有规模不等的工业企业。

2011 年，本书部分作者在一项研究中，从经济发展水平的角度，根据人均 GDP、产业结构、城乡结构和分配结构等指标，进行标准化处理和各项指标的权重计算，进而计算出各县市区的发展度，根据最优分割法，将云南省 129 个县市区划分为三类地区，更是能看出云南经济发展水平的多样化特征：

发展度	县市区	发展度	县市区	发展度	县市区
0.404528	红塔区	0.262415	剑川县	0.233104	广南县
0.342673	五华区	0.262406	澄江县	0.232982	梁河县
0.313389	古城区	0.261670	富宁县	0.231596	元阳县
0.310998	呈贡县	0.259686	祥云县	0.230998	富源县
0.310645	官渡区	0.25848	南华县	0.230857	元谋县
0.304876	麒麟区	0.258060	澜沧县	0.230182	鹤庆县
0.30115	安宁市	0.257760	云县	0.229251	巧家县
0.299728	景洪市	0.256299	马龙县	0.228349	江城县
0.299276	水富县	0.25585	会泽县	0.227827	永仁县
0.29822	大理市	0.255697	姚安县	0.226796	临翔区
0.29732	东川区	0.255442	西畴县	0.226013	通海县
0.294928	盘龙区	0.255290	新平县	0.224935	永善县
0.294082	西山区	0.254426	漾濞县	0.224567	富民县
0.290874	个旧市	0.254322	石林县	0.224344	华宁县
0.289709	隆阳区	0.253731	江川县	0.224330	永平县
0.289372	思茅区	0.25275	峨山县	0.223166	金平县
0.288004	泸水县	0.252101	弥勒市	0.222675	凤庆县
0.286152	威信县	0.25068	镇雄县	0.219956	宣威市
0.286141	香格里拉县	0.250339	易门县	0.218303	耿马县
0.284602	河口县	0.249313	西盟县	0.216785	昌宁县
0.284532	楚雄市	0.249134	文山市	0.216496	德钦县

续表

发展度	县市区	发展度	县市区	发展度	县市区
0.28401	玉龙县	0.247267	兰坪县	0.215561	巍山县
0.282813	瑞丽市	0.247103	龙陵县	0.214167	宾川县
0.279174	禄丰县	0.246370	永胜县	0.211445	麻栗坡县
0.278542	昭阳区	0.245382	芒市	0.210468	云龙县
0.277318	盐津县	0.245217	晋宁县	0.210109	沧源县
0.275699	宁洱县	0.244792	牟定县	0.209252	南涧县
0.274228	蒙自市	0.243430	镇沅县	0.207993	元江县
0.272777	华坪县	0.243146	砚山县	0.207062	洱源县
0.272525	红河县	0.242765	武定县	0.206447	大关县
0.271751	沾益县	0.242402	孟连县	0.205674	维西县
0.271711	双江县	0.240338	师宗县	0.204427	弥渡县
0.271603	嵩明县	0.240179	镇康县	0.204347	宁蒗县
0.271218	陇川县	0.240043	施甸县	0.203306	贡山县
0.269877	泸西县	0.239739	马关县	0.202877	景谷县
0.268328	盈江县	0.238202	绥江县	0.201570	双柏县
0.268156	建水县	0.238098	勐腊县	0.201154	福贡县
0.267878	禄劝县	0.238097	丘北县	0.201048	屏边县
0.267701	开远市	0.237052	彝良县	0.200730	勐海县
0.266645	腾冲县	0.235850	罗平县	0.198894	绿春县
0.264348	鲁甸县	0.234615	墨江县	0.197468	景东县
0.263306	寻甸县	0.234209	大姚县	0.193205	陆良县
0.262717	宜良县	0.233573	石屏县	0.189787	永德县

1. 第一类地区即较发达地区有 30 个：五华区、红塔区、大理市、景洪市、水富县、河口县等。

红塔区

2. 第二类地区即一般地区有 69 个：瑞丽市、宣威市、昭阳区、东川区、勐腊县、云县等。

瑞丽市

3. 第三类地区即较为落后的地区有 30 个：绿春县、双柏县、镇沅县、巧家县、西盟县、贡山县等。

西盟县

第三节　民族文化的多样化

中华民族大家庭中有 56 个民族，像 56 朵花，其中，云南就有 52 朵花；云南 52 朵花中有 26 朵花世代生长绽放在云南土地上；52 朵花中又有 15 朵花是云南自己大家庭中的独生子和独生女。这样的特殊性带来了云南有别于其他省份的民族文化的多样性特征。

一、民族成分多样

全国 56 个民族中，云南有 52 个。到 2015 年末，云南全省常住人口总数为 4741.8 万人，其中，少数民族人口约 1596.8 万人，占全省总人口的 33.6%，占全国少数民族人口的 13.3%。

云南是中国世居民族最多的省份。从石器时代到青铜时代，从滇国、哀牢夷到南昭、大理，从汉唐、宋元到明清，当历史的尘埃落定，云南大地上已经汇集了 26 个民族。除汉族外，人口在 6000 人以上的世居少数民族有 25 个，民族种类之多，为中国之最；云南独有少数民族之多也是中国之最：白族、哈尼族、傣族、傈僳族、拉祜族、佤族、纳西族、景颇族、布朗族、阿昌族、普米族、怒族、基诺族、德昂族、独龙族 15 个民族为云南所独有；云南还是跨境而居少数民族最多的省份，在 25 个世居少数民族中，与境外同一民族毗邻而居的少数民族有 16 个，即彝族、哈尼族、傣族、壮族、苗族、傈僳族、拉祜族、佤族、瑶族、景颇族、布朗族、布依族、阿昌族、怒族、德昂族、独龙族。云南人口较少民族（总人口在 30 万人以下的民族）有 8 个：

独龙族、德昂族、基诺族、怒族、阿昌族、普米族、布朗族和景颇族。

总之，无论是少数民族人口的绝对数还是在全国少数民族人口中所占的比重，云南均仅次于广西而居全国第二位。

云南哈尼族长街宴

二、语言文字多样

云南 25 个世居少数民族中，有 22 个民族共使用 26 种语言（它们分属于汉藏语系和南亚语系），14 个民族使用 22 种文字。

云南少数民族语言文字的多样性，不仅表现在少数民族与少数民族之间，也表现在少数民族内部。比如：景颇族使用"景颇"和"载瓦"两种语言，瑶族使用"勉"和"布努"两种语言，怒族使用"怒苏""柔若""阿依"三种语言；再如彝族，因内部支系众多，方言分歧很大，很难形成一种"通用的"彝语，其民族语言更具有多样性特征；又如傣族，传统傣文有四种不同形式的文字，即西双版纳傣泐文、德宏傣纳文、傣绷文和金平傣文，在国家帮助进行文字改制后，仍然存在着"新傣文"和"老傣文"之分，如此等等。

三、宗教信仰多样

云南的宗教多样性和复杂性也同样令人印象深刻。

云南 25 个世居民族不同程度信仰佛教、道教、伊斯兰教、基督教、天主教等世界五大宗教，截止 2009 年底统计：信教人数有 428.5 万人，占全省总人口的 10%；其中 90% 以上是少数民族；云南还聚全了佛教的三大体系（汉传佛教、藏传佛教、南传上座部佛教）；此外，还有为数众多的民间宗教、原始宗教（图腾崇拜、万物有灵、祖先崇拜等，像白族的本主教、彝族的土主教、纳西族的东巴教等），民间信教人数有 1500 多万，大部分是汉族，但也包括上述信仰五大宗教的部分少数民族。云南的宗教图景被认为构成了宗教"活的化石"和一部"活的"宗教发展史。

傣族小乘佛教

　　云南不仅存在着不同民族信仰不同宗教的情形，也存在着多个民族信仰同一宗教的情形，还存在着同一个民族信仰不同宗教的情形。在云南，人口超过 6000 人的 25 个世居少数民族中，有 19 个民族普遍地信奉宗教，其中，一些民族基本全民信教（总人口约 150 多万），其他民族也不同程度地信仰一个或多个不同的宗教。

　　云南由于社会形态的多元性特征，产生于不同时空和文化背景的宗教同时出现在一个场域或人们共同体中，由此造成了各宗教之间相互交叉、相互影响、相互渗透和相互碰撞的关系格局，

藏传佛教

这一格局极大地增加了云南多元宗教并存的复杂性。

四、原生态民族节庆活动形式多样

　　作为民族传统文化的一部分，云南原生态民族节庆活动是其最绚烂和最引人注目的部分。众多的民族，不同的生产、生活方式形成了种类繁多、绚丽多彩的民族节庆文化。云南各个民族的节日丰富多彩，从年初到年尾都喜

庆不断，各民族近百个节日轮番上演。其令人眼花缭乱的原生态民族节庆往往打上了原始宗教的烙印：

——图腾崇拜留下了楚雄双柏县的彝族跳老虎节和豹子笙节、姚安彝族的葫芦笙节、澜沧江拉祜族的葫芦笙节、澜沧江拉祜族和宁蒗摩梭人的祭太阳神节；

——灵魂崇拜留下了双柏彝族的七月十五节；

——祖先崇拜留下了纳西族的三多节、各地瑶族的盘王节和苗族的花山节、各地傈僳族的刀杆节和景颇族的目瑙纵歌；

云南彝族火把节

——火崇拜留下了彝族和白族的火把节、弥勒阿细人的祭火节、施甸布朗族的祭火神节、沧源佤族和红河哈尼族的接新火节、德宏景颇族的取新火节；

——农业祭祀更是留下了各民族大同小异的开秧门节、关秧门节、播种节、新米节和尝新节，还有绿春傣族的巡田坝节、红河哈尼族的黄饭节、广南壮族的夜种神田节、景东彝族的跳秧歌、景洪基诺族的叫谷魂、德宏阿昌族的祭谷魂、怒族的祭谷神、德宏德昂族的祭谷娘、澜沧布朗族的祭棉神……另外像大理白族的三月街，丽江纳西族的三多节，临沧佤族的木鼓节，怒江傈僳族的澡堂会、阔时节，迪庆的赛马会，彝族的火把节，傣族的泼水节，哈尼族的长街宴，苗族的花山节，拉祜族的月亮节，壮族布依族的三月三，普米族的吾昔节等等不胜枚举，可以说云南各个少数民族的节庆已经成为各个民族标志性的文化象征，是各个民族最具典型意义的符号。云南的少数民族大多尊重自然、敬畏神灵，他们在节日里与天地共舞，与神灵欢唱，他们祭神、祭祖、祭山、祭水、祭树、祭鬼……之后，他们在心灵的安然中纯真生活。所以说，云南少数民族节庆是各民族生产、生活、宗教信仰的反映，承载着各民族传统的音乐、舞蹈、诗歌、饮食、服饰、农耕、天文等等诸多文化要素，同时对强化各民族的自我认同、身份意识、传承优秀传统、促进社会和谐具有非常重要的意义。

云南的少数民族崇尚平等、团结和参与，发展至今，许多浸润着传统宗教余韵的节日被赋予了新的内涵，许多有代表性的节庆活动已经被打造成为蜚声海内外的著名的节庆活动，也成了各族人民团结友好、宾主同乐的万民狂欢节！

五、世界自然和文化遗产多样

独特的自然禀赋和大自然鬼斧神工，使得云南拥有值得自豪的自然遗产；迥异的民族风格和天人合一的勤劳智慧，使得云南留下了丰富多彩的少数民族历史文化资源。截止 2013 年 6 月，云南共有 5 项世界遗产，堪称世界遗产大省，它们是：

1. 世界文化遗产丽江古城：丽江古城于 1997 年 12 月被列入《世界遗产名录》。作为中国历史文化名城，丽江大研古城集中体现了纳西族独特的人居环境、地方历史文化和民族民俗风情。其博大精深的文化内涵，为研究城市建筑史、民族发展史等提供了宝贵资料。

2. 世界自然遗产三江并流保护区：是指金沙江、澜沧江和怒江三条发源于青藏高原的大江在云南境内自北向南奔流 400 多千米，穿行于横断山脉高大的云岭、怒山、高黎贡山之间的峡谷，形成世界罕见的"江水并流而不交汇"的奇特自然地理景观，三江距离最近处仅 65 千米。2003 年，云南三江并流保护区被联合国教科文组织世界遗产委员会列入《世界遗产名录》。

3. 世界自然遗产云南石林：2007 年 6 月 27 日，联合国教科文组织第 31 届世界遗产大会上，云南石林、贵州荔波、重庆武隆一起以中国南方喀斯特地貌之名列入《世界遗产名录》。在世界各地发现的石林中，云南石林以其面积广袤、类型多样、形态奇特、成因复杂、发育历史久远而具有典型性、代表性和唯一性，具有较高的科研科普价值，是世界唯一能够以石林发育遗迹和石林景观系列展现地球演化历史的喀斯特地貌区。

世界自然遗产云南石林

4. 世界自然遗产澄江动物化石群：1984 年，南京地质古生物研究所研究员侯先光在玉溪市澄江县城以东帽天山发现纳罗虫化石，经确认为距今 5.3 亿年的无脊椎动物化石，是当今世界最古老、最完整的软体动物化石，其中有奇虾、云南虫等。2012 年 7 月 2 日，第 36 届世界遗产大会通过表决，云南澄江动物化石群申报世界自然遗产成功，正式列入《世界遗产名录》。

5. 世界文化遗产红河哈尼梯田文化景观：2013 年 6 月 22 日，第 37 届世界遗产大会通过审议和表决，红河哈尼梯田文化景观成功列入《世界遗产名录》。这是我国首个以民族名称命名的世界遗产，红河哈尼梯田文化景观以江河、梯田、村寨、森林为物质载体，以稻作技艺、民族文化传统和思想情感为无形表现，是人类适应自然、利用自然、与自然和谐共处的杰出创造。

另外，云南还有国家级历史文化名城 6 个，它们是：昆明、大理、丽江、建水、巍山、会泽。国家级历史文化名镇 7 个，它们是：禄丰县黑井镇、剑川县沙溪镇、腾冲县和顺镇、孟连县娜允镇、宾川县州城镇、洱源县凤羽镇、蒙自市新安所镇。国家级历史文化名村 5 个，它们是：会泽县娜姑镇白雾街村、云龙县诺邓镇诺邓村、石屏县郑营村、巍山县永建镇东莲花村、祥云县云南驿镇云南驿村。

这些宝贵的物质、精神财富，是云南引人入胜的魅力和不得不爱上它的理由！

第四节　自然环境的多样化

一、地形地貌多样

云南是山和高原的王国。山地、丘陵和高原占全省面积的94%，一些县的山地比重竟然超过了98%，在中国名列前茅。

纵贯滇中的元江——红河如一条彩练，把云南大地分为两半：以西，横断山区高山深谷纵列，喜马拉雅造山运动至今仍在不断地推高山峰的海拔。以东，滇东高原和滇中高原上遍布波状起伏的低山和丘陵，发育着各种类型的岩溶地貌。从西北横断山多条巨大的山系，到东南起伏和缓的低山和浑圆丘陵以及喀斯特地貌，造就了云南多样的地形地貌并呈现以下特征：

一是云南海拔高差大：全省海拔最高点是滇西北迪庆高原梅里雪山主峰卡瓦格博峰（6740米）；海拔最低点在滇东南河口县红河、南溪河交汇处（76.4米）。二者直线距离仅900千米，高低相差达6660多米。

云南梅里雪山

二是地势自西北向东南分三大阶梯递降：第一级为迪庆的德钦、香格里拉一带，地势最高，海拔一般为3000米以上；第二级为丽江以东以南的滇中高原，海拔大约2500米及以下；第三级为南部、东南部和西南部地区，高度降至1500米及以下。在这三级递降的地势框架内，每一级境内高低山脉纵横交错，盆地、河谷、高山、中山、低山、山原相间分布，这种多层次分割和三级梯层纵横交织，把本来已经十分复杂的地势裹搅得更加错综复杂，被称为世界地质博物馆。

云南南溪河

二、水文多样

俗话说：山有多高，水就有多高，山有多少，河就有多少。云南的江河和云南的山脉连在一起，山系复杂，水系也复杂，堪称中国之最：滇西的横断山区有金沙江、澜沧江、怒江和独龙江；滇东的乌蒙山区有南盘江和北盘江；滇南的无量山和哀牢山区有元江和把边江。中国的江河大多从东流向西，而云南的江河受横断山脉挟持，大多从北流向南，越往南流，江河间的距离越大，形成有名的扇形水系，又称帚形水系。

云南共有大小河流 600 多条，主要的有 180 多条，分别属于怒江、澜沧江、金沙江、红河、珠江、大盈江六大水系，而且多是入海河流的上游，集水面积遍于全省，除南盘江、元江的源头在云南境内外，其余都是发源于青藏高原的过境河流，在六大水系中，有四大水系属于国际河流。流入太平洋的分别是：注入东海的金沙江—长江水系；注入南海的澜沧江—湄公河水

怒江

系；元江—红河水系和南盘江—珠江水系。云南还有两大水系归属于印度洋，分别是注入安达曼海莫塔马湾的怒江—萨尔温江水系，注入安达曼海孟加拉湾的独龙江、大盈江、瑞丽江—伊洛瓦底江水系。

如果说，奔腾的大江是云南版图上的棋盘，那么，分布在上面的大大小小的50余个断层陷落的天然湖泊，就是这块棋盘上最亮丽精致的棋子，它们或静卧在崇山峻岭之中，周围山林环绕，天光云影；或像一块块镶壁嵌玉的明镜散布在山间的盆地里，花团锦簇，如诗如画。云南湖泊总面积有1200多平方千米，集水面积达9000多平方千米，总蓄水量约300亿立方米，全是高原型淡水湖。

滇池是云南和云贵高原面积最大的湖泊（306平方千米），抚仙湖的容水量和平均水深名列全省之冠，是中国第二深的淡水湖（151米），香格里拉的属都湖海拔3705米，是云南最高的湖，个旧大屯海的海拔1280.7米，是云南最低的湖。以湖泊容量而论，超过20亿立方米的湖泊有抚仙湖、洱海、程海、泸沽湖；以平均水深而论，超过20米的有抚仙湖、泸沽湖、程海、阳宗海；以湖面面积而论，水面面积在30平方千米以上的湖泊有9个，统称为"九大高原湖泊"，它们分别是：昆明滇池、大理洱海、澄江抚仙湖、永胜程海、宁蒗泸沽湖、通海杞麓湖、江川星云湖、宜良阳宗海、石屏异龙湖。"九大高原湖泊"分别位于昆明、玉溪、红河、大理、丽江五州市，总面积1042平方千米，总容量302亿立方米，流域面积8110平方千米，占全省国土面积的2.1%，流域人口500多万，创造了全省经济总量的34%，在全省发展战略中地位十分重要。这些湖泊，是高原上最美景致的定格，所以说，水是云南的魂魄！

洱海

三、气候多样

云南是世界气候的博物馆，拥有"立体气候王国"的美誉。6000多米的地形相对高差使得39.4万平方千米的云南汇聚了北热带、南亚热带、中亚热带、北亚热带、南温带、中温带和寒带七大气候类型。各类气候类型品种齐全，成为典型的"立体气候王国"。

云南玉龙雪山

在云南，最突出的是年温差小，日温差大，干湿季节分明，全省一年四季之中，最热的7月平均气温在19℃～22℃之间；最冷的1月平均气温在9.6℃；气温随地势高低呈垂直变化异常明显，往往在垂直海拔几千米的距离内，你尽可以领略从中温带到北热带的气候和自然景物。云南大多数地方夏无酷暑，冬无严寒，"天气常如二三月，花枝不断四时春"、"一山分四季，十里不同天"是云南立体的、多样的气候类型写照。

这不同的四季不同的天，犹如魔术般的变化莫测，其实来源于云南气候跨8个维度间的气候差异，因而它网络了相当于从中国南部的海南岛到东北长春市之间的年均温差。因而，大自然在这里就像人们在四季里不断变换服饰一样，显露出异彩纷呈的世界，只不过这个世界是以绿色为基调调和出来的缤纷世界。于是，云南才充满了这样的诱惑和魅力——既有中国境内最低纬度的冰川，终年积雪的山峰，又有亚热带四季如春的山间盆地以及炎热的河谷和弥漫着热带植物气息的迷人风光。

四、自然资源多样

云南由于立体型的气候特征和横断山脉的南北走向，使北方的动植物可沿山脉的上部而下，南方热带性动植物又可沿河谷而上，这样，就为云南带来了动植物垂直分布或生存的千种姿态，万种风情，也为云南带来了"植物王国""动物王国"的美誉。如此，奇花异木、珍稀动物和迷人风光与你在旅途中不期而遇也就不足为奇了。

云南自然地理条件复杂，气候多样，在多样化环境条件下发育出了丰富的植物区系。在全国约 3 万种高等植物中，云南有 1.7 万种，占全国植物总数的 56.7%，目前，尚有许多新种或新属在不断被发现。在众多的植物种类中，热带、亚热带的高等植物约 1 万种，中草药 2000 多种，香料植物 69 科，约 400 种。有 2100 多种观赏植物，其中花卉植物 1500 种以上，不少是珍奇种类和特产植物。

云南拥有脊椎动物 1737 种，占全国种类的 58.9%；国内见于名录的昆虫 2.5 万种，云南有 1 万多种。在脊椎动物中，兽类有 300 种，占全国总数的 51.1%；鸟类有 793 种，占 64.7%；爬行类 143 种，占 37.6%；两栖类 102 种，占 46.4%；淡水鱼类 366 种，占 45.7%。可见，云南独特的气候和地理环境能供种类繁多的野生动物栖息。

在这片美丽神奇的土地上，104 个自然保护区守护着大自然赐给人类的屈指可数的最后一些物种的生命，自然保护区就是这些生命在云南乃至于我们依赖的这个星球上最后的栖息地和绿洲。云南有 20 个国家级自然保护区，它们分别是：昭通市昭阳区黑颈鹤自然保护区，巧家县药山自然保护区，会泽黑颈鹤自然保护区，哀牢山自然保护区，大围山自然保护区，金平分水岭自然保护区，绿春县黄连山自然保护区，文山自然保护区，无量山自然保护区，西双版纳自然保护区，景洪勐海纳板河流域自然保护区，苍山洱海自然保护区，高黎贡山自然保护区，白马雪山自然保护区，永德大雪山自然保护区，南滚河自然保护区，轿子山自然保护区，元江自然保护区，云龙天池自然保护区，长江上游珍稀特有鱼类自然保护区（云南段）。

云南还有"有色金属王国"的美称。云南矿产资源十分丰富，是我国得天独厚的矿产资源宝地和有色金属王国。其中，铅、

云南西双版纳望天树

锌、锡、磷、铜、银等25种矿产资源储量居全国前3位，65种矿产资源保有资源储量排在全国前10位。云南矿产资源特点鲜明，优势明显：一是矿种全，现已发现的矿产有142种，已探明储量的有92种；二是分布广，金属矿遍及108个县（市、区），煤矿已在116个县（市、区）发现，其他非金属矿产全省129个县（市、区）均有分布；三是富矿占比较大，共伴生组多，易于开发和综合利用。

云南有色金属储量在全国名列前茅，位居全国之首的有锗、锌、镉、铊、锶、铅；居全国第二位的有锡、铟、铂；铜储量居全国第三；锰、锑储量全国第五。滇西北的兰坪铅锌矿探明储量排名世界第九位。目前，云南已建成了滇西北的锌、铅、锗基地，滇南的锡业基地，滇中的铜业基地和昆明的铝业基地。

此外，云南还有"水电王国""生物资源基因库""花卉之乡""药材之乡"等称谓。

第五节　旅游资源的多样化

美丽神秘的自然风光、绚丽多姿的民族风情、源远流长的历史文化、多元包容的宗教信仰，云南丰富多彩的自然、人文景观是吸引海内外不同类型游客的最大的资源。早在2008年，云南提出旅游业6大片区的总体布局。经过完善，从云南现代旅游业的6大片区的总体布局可以看出云南旅游资源的多样化特征。

一、滇中昆明国际旅游休闲区

滇中地区属于滇东高原盆地，以山地和山间盆地地形为主，地势起伏和缓。滇中地区包括：昆明、曲靖、楚雄和玉溪四个州市。滇中地区多盆地，集中了云南全省近一半的山间平地（坝子），可利用土地资源具备一定潜力。位于长江、珠江和红河上游，有滇池、抚仙湖等高原湖泊，水资源保障程度较高，但缺水问题较为严重。大气环境质量总体较好，大部分地区二氧化硫排放未超载。水环境总体较好，但滇池等部分高原湖泊污染严重。属亚热带气候，日照充足，四季如春，气候宜人，干湿季分明。土壤类型以红壤为主。植被类型多样，多为次生植被和人工植被。

滇中气候宜人、交通便利、城市发达、旅游资源丰富、旅游设施已具有相当规模。

昆明：有5A级景区石林风景区；世界园艺博览园、云南民族村、金殿风景区、官渡古镇、大观公园、西山森林公园、九乡风景区等4A级景区。

玉溪：有世界自然遗产澄江动物化石群；以及映月潭休闲文化中心、汇龙生态休闲园、通海秀山历史文化公园、澄江禄充风景区等4A级景区。

曲靖：有麒麟区的翠山影视城、沾益县的珠江源、会泽县的大海草山风景区、陆良的白水塘生态旅游观光园、罗平县的九龙瀑布、师宗县的菌子山、富源县的胜境关、马龙县的太阳山谷旅游度假区等。

楚雄：有彝人古镇、禄丰世界恐龙谷、元谋土林、武定狮子山等4A级景区，还有禄丰黑井古镇、南华咪依噜风情谷、楚雄紫溪山景区、大姚石羊古镇等3A级景区。

二、滇西北香格里拉生态旅游区

滇西北香格里拉生态旅游区（以下简称滇西北旅游区）位于青藏高原的东南延伸部分，横断山纵谷地带，是东亚、南亚和青藏高原的交汇处，包括大理白族自治州、丽江市、迪庆藏族自治州和怒江傈僳族自治州地域。北面分别与西藏和四川相连，西面与缅甸毗邻，东连楚雄州，南接保山、临沧和普洱市。全区总面积8.92万平方千米。

云南普达措国家公园

滇西北旅游区是云南省旅游资源最富集的地区，拥有众多世界级、国家级高品位旅游资源，类型多样，品质优良，特色突出，计有世界自然遗产1处（三江并流），世界文化遗产1处（丽江古城），世界记忆遗产1项（丽江东巴古籍）；国家级风景名胜区3处，国家级历史文化名城3座，国家级自然保护区4处，国家森林公园4座，国家级重点文物保护单位8个，分别占全省总数的30%、60%、31%、15.4%、25%。在全省具有代表性和良好市场潜力的优选景区景点15个，占全省总数的 65.2%。

旅游特色在于：一是自然景观神奇壮丽：滇西北旅游区独特的地质构造构成了世界一流的地质地貌遗迹区，世界最著名的动植物模式标本产地，世界级物种基因库，容纳了除沙漠和海洋以外的所有风景，雄、险、秀、奇、幽、奥等各类景观齐备。"三江并流"世界奇观、雪峰冰川气势磅礴，大江峡谷雄伟深邃，森林草甸风光迷人，高原湖泊妩媚秀丽，丹霞泉华光彩照人，野生动植物珍稀名贵。二是历史文化丰富深邃：滇西北旅游区历史文化源远流长，大理名邦曾经是"亚洲文化十字路口的古都"，丽江古城和丽江东巴古籍是走向世界的文化遗产和记忆遗产，"茶马古道"和"西南丝绸古道"承载着弥足珍贵的"古道文化"。三是民族风情绚丽多姿：滇西北是多民族聚居的地区，各民族都有自己古老的历史文化传统，在衣食住行、节日庆典、城建民居等各方面均有其独特的表现，尤以文化丰厚的白族风情、源远流长的纳西风情、炽热奔放的藏族风情、刚毅深邃的傈僳族风情、鲜为人知的独龙族风情、神秘独特的摩梭风情独具特色。四是宗教文化神秘深邃：滇西北旅游区诸民族各信其教，藏传佛教、汉传佛教、儒教、道教、天主教、基督教、苯教、东巴教、傈僳族尼扒、彝族毕摩、普米族汗归教、伊斯兰教等多元宗教、多种教派并存共处，相互交融，白族本主信仰、纳西族东巴教和藏传佛教的地方民族色彩尤为浓郁。五是人文与自然交相辉映：三江流域汇集了云南省最重要的自然和文化遗产，人文与自然共融焕发出的活力和魅力是"三江并流"与众不同的特色。众多的人文景观依附于自然山水而显得更有生机，自然山水景观也因有人文景观的映衬而更有内涵，其自然与人文资源的多样性使之成为亚洲最完美的生态旅游目的地。

三、滇西火山热海边境旅游区

滇西火山热海边境旅游区位于云南省西部，包括保山市和德宏傣族景颇族自治州。它与云南大理、临沧、怒江三州市毗邻，外与缅甸山水相依，是中国通往南亚、东南亚陆路大通道的连接点，是古代"南方丝绸之路"和近代滇缅公路、中印公路的要冲。滇西火山热海边境旅游区旅游文化资源丰富，这里不仅有堪称"地热博物馆"的腾冲地热温泉，90 余座保存完好的火山锥和 170 余处天然温泉星罗棋布，是康体休闲度假的首选之地，而且该线路可沿滇缅公路游览"南方丝绸之路"的名胜古迹，身临其境地感受滇西的自然风光和田园风光，体验傣族、景颇族、德昂族等少数民族风情。由于紧邻世界著名的翡翠产地——缅甸，腾冲于明朝中叶首开世界翡翠加工先河，迄今已有600年历史，2005年腾冲被亚洲珠宝协会评为"中国翡翠第一城"，另外，有"东方珠宝城"之称的瑞丽是目前国内最大的宝玉石交易市场之一。游客来到滇西，可以享受到寻宝、淘宝、赏宝、鉴宝的乐趣。随着腾冲机场的正式通航，以"昆明—保山—腾冲—瑞丽—芒市""昆明—芒市—瑞丽—腾冲—保山"为主线的滇西旅游精品环线正逐步形成。

四、滇西南大湄公河跨国旅游区

滇西南大湄公河跨国旅游区的范围包括临沧市、普洱市、西双版纳傣族自治州三个州市。该区域地处云南省西南部，总面积8.87万平方千米。滇西南大湄公河跨国旅游区的西面、南面、东南面分别与缅甸、老挝和越南交界，国境线长达1742.59千米，拥有四个国家一类口岸和五个国家二类口岸，边境跨国旅游发达，是我国著名的边境旅游区和中国大西南地区通往东南亚地区最便捷的陆上通道和重要门户。

滇西南大湄公河跨国旅游区地处低纬地带，北回归线从其中部横穿而过，属于气候温和、雨量充沛的南亚热带山地湿润季风气候类型；该区域植被类型丰富多样，亚热带和北热带的植被类型均有分布，拥有14个国家级和省级自然保护区，是云南省森林覆盖率最高的地区和云南省热带作物的主产区，也是我国热带风光最典型的区域。

滇西南大湄公河跨国旅游区历史悠久，历史上就是著名的"南方丝绸之路"通道和古老的茶马古道的缘起地；该区域也是云南省的少数民族聚居区，以傣、佤、拉祜、基诺、布朗等为代表的各少数民族人都保持着本民族传统的语言文字、文学艺术、宗教信仰、社会组织、生活习俗、伦理道德和思想情操，是我国少数民族风情最为浓郁的旅游区。

根据滇西南大湄公河跨国旅游区的旅游资源集聚状况和空间分布规律，可将滇西南旅游区划分为四个旅游大区。一是北部水电工业旅游大区：该大区由凤庆县、云县、景东县、镇沅县4个县组成，是进入滇西南旅游区的北大门，属于历史文化与水电设施相结合的旅游大区，最具优势的旅游资源是现代水电工业景观。二是中部茶文化旅游大区：该大区由景谷县、墨江县、江城县、思茅区、孟连县、西盟县、澜沧县、宁洱县8个县（区）组成，属于森林生态、历史文化、普洱茶文化相结合的滇茶文化旅游大区，其中尤以普洱茶文化最具特色。三是西部佤族文化旅游大区：该大区由临翔区、双江县、耿马县、沧源县、永德县、镇康县6个县（区）组成，属于民族风情、边疆走廊、热带风光相结合的旅游大区，最具优势的旅游资源是浓郁的佤族风情、悠久的佤族历史、优美迷人的自然山水。四是南部傣族文化旅游大区：包括西双版纳州的景洪市、勐海县、勐腊县，该大区以热带雨林为主的自然景观，以地方文化为背景的民族风情以及带有上座部佛教色彩的文物史迹，构成了一幅美丽的旅游风景画，是云南省乃至我国最具知名度的旅游目的地。

五、滇东南喀斯特山水文化旅游区

滇东南喀斯特山水文化旅游区地处云南省的东部和东南部，包括曲靖市南部地区、红河哈尼族彝族自治州、文山壮族苗族自治州以及昆明市的石林县和宜良县。该片区东连贵州、广西，南部与越南接壤，西与滇中旅游区、滇西南旅游区相接，北部与滇中和滇东北旅游区相接，土地总面积76897平方千米，占云南省总土地面积的20.2%。

滇东南喀斯特山水文化旅游区拥有世界文化遗产1处，国家重点风景名胜区5处，国家级历史文化名城1座，国家级重点文物保护单位3处，国家地质公园1个，国家级自然保护区5个，国家级森林公园4个。

资源特色在于：一是蔚为奇观的喀斯特山水景观具有鲜明的特色。该旅游区集中了以普者黑、驮娘江风光为代表的一批品位极高、价值极大、知名度很高的喀斯特山水名胜区。二是多样的区域民族历史文化具有特殊的地位。滇东南古代历史久远、近现代历史独特、少数民族众多，文化的"多样性"特征显著，有丰富多样的民族文化、保留较为完整的异域文化、庄严神圣的革命文化和近代民族精英文化。三是创造多个云南第一的近现代产业文化具有突出的优势。以蒙自为核心，集中了云南对外开放史上的第一个海关、第一家外资银行、第一个邮政局、第一条铁路，国内仅存的寸轨和尚在运营的米轨铁路主体就在滇东南境内。锡都城市极富特色。红烟和红酒两个全国知名品牌创造了现代云南工业的多个第一。四是融中原文化和少数民族文化为一体的区域边地文化具有独特的个性。建水文庙、朱家花园等为代表的边地文化精品遗留，有广泛影响的儒家文化、屯戍文化，有独特的"汉族、回族住街头，壮族、傣族住水头，苗族、彝族住山头，瑶族住箐头"的民族分布格局。五是多样性与大容量的自然生态环境具有高度的组合性。滇东南自然生态环境复杂多样，动植物资源异常丰富，以此为基础，滇东南形成高度有机组合的生态文化和大容量的旅游环境。六是拥有世界文化遗产红河哈尼梯田。哈尼梯田的范围包括红河州的元阳县、红河县、绿春县、金平县。

这是我国首个以民族命名的世界遗产，它以江河、梯田、村寨、森林为物质载体，以稻作技艺、民族文化传统和思想情感为无形表现，是人类适应自然、利用自然、与自然和谐共处的杰出创造。

六、滇东北生态及历史文化旅游区

滇东北红土高原旅游区包括昭通市，昆明市的东川区，曲靖市的会泽县、宣威市、富源县、沾益县和麒麟区，总面积为 4432.62 平方千米，总人口为 911.8 万。该旅游区地处云南高原的东北部，境内海拔最高处为东川区拱王山主峰雪火岭（4344.1 米），最低点为水富县滚坎坝中嘴（267 米）。主要河流有金沙江、牛栏江、南盘江。主体气候属北亚热带高原季风气候，年平均温为 15.32℃。森林植被覆盖率为 23.7%。

该旅游区是一个多民族聚居区，居住着 20 多种民族。其中，汉族、彝族、苗族、回族等民族为世居民族，民族人口也相对较多。加之，该区地处滇、黔、川交界地，受滇文化、夜郎文化、巴蜀文化、中原文化等影响，形成了以朱提文化、爨文化为代表的地方民族复合型文化。

滇东北红土高原旅游区旅游资源类型多样，异彩纷呈。《中国旅游资源普查规范》中的主类、亚类该区均有，基本类型的三分之二以上该区都有涉及。该区现已勘明的主要旅游资源点有 500 余处。该区拥有国家级自然保护区 1 个，国家级森林公园 4 个，国家级重点文物保护单位 3 个，国家 2A 级景区（点）3 个；拥有省级风景名胜区 7 个，省级历史文化名城（镇）3 座，省级重点文物保护单位 19 个，省级自然保护区 8 个；没有国家级风景名胜区、度假区、历史文化名城。

资源特色在于：通过滇东北乌蒙高原旅游片区与全省各大旅游片区、邻省（四川、贵州）旅游资源的比较分析，结合目前旅游市场的情况，该旅游区旅游资源的特色主要表现在以下几个方面：一是世界上最大的黑颈鹤越冬栖息地之一。黑颈鹤，系世界珍稀濒危鹤类，也是全球 15 种鹤类中唯一在青藏高原繁殖，在云贵高原越冬的鹤种，为国家 I 级重点保护动物。二是众人可以到达的我国大江源头：我国第三大江——珠江，发源于云南省沾益县的马雄山麓。与长江、黄河源头不同，珠江源是众人皆可到达的我国大江源头，距沾益县城只有约 50 千米。三是云南与内地最早的要道及"锁滇扼蜀"的雄关天堑。四是我国小范围内瀑布密度最高的地方。五是我国最大的露天温泉休闲地之一新滩坝温泉。六是中国革命重要纪念地——扎西会议会址。此外，滇东北红土高原旅游区还拥有北半球纬度最低的雪山之一——轿子雪山；拥有世界罕见的蒋家沟泥石流景观；拥有万里长江第一港——水富港；拥有驰名中外的宣威火腿……

六大旅游片区囊括了云南多彩多样的旅游资源，云南旅游业前景可观。

"彩云之南，我心的方向，孔雀飞去，回忆悠长！玉龙雪山，闪耀着银光，秀色丽江，人在路上；彩云之南，归去的地方，往事芬芳，随风飘扬！蝴蝶泉边，歌声在流淌，泸沽湖畔，心仍荡漾……"云南印象，既是强烈的红色和浓郁的绿色碰撞带来的视觉冲击；云南印象，也是柔情的小河淌水和狂热的阿细跳月纠缠产生的生命礼赞！品味云南，东西南北中，无论你选择何方，总是处处有景、步步有情；感悟云南，纵横山水间，不管你走到哪里，可谓时时有奇、天天有新。远方的客人请你来，美丽云南邀你前来，亲身体验她的神奇魅力！远方的客人请你留下来！留下来做不变的承诺，体会七彩云南带给你的多样化的神情和美丽！

云南红河哈尼梯田

第二章 基本省情——四位一体

中共云南省委六届六次全会，曾经这样阐述了云南省"四低四高"的典型特征：

——社会发育程度低，地区发展不平衡程度高

——生产力水平低，自然、半自然经济比重高

——劳动者科学文化素质低，文盲、半文盲比重高

——人民生活总体水平低，贫困人口比重高

中共云南省委第九次党代会报告中阐述的云南基本省情，也是我们平常说得最多的省情，也可以看做是云南的历史省情，即：边疆、民族、山区、贫困——四位一体。省委十次党代会报告中进一步强调了云南贫困人口多，贫困程度深，同时强调了云南独特的区位优势、开放优势。

第一节 边 疆

一、云南是祖国的西南边疆省份

我国行政区划概念下的西南地区，为中国七大地理分区之一（华东地区、华南地区、华中地区、华北地区、西北地区、西南地区、东北地区），指四川、云南、贵州、重庆、西藏5个省级行政区。云南省位于中国西南边陲，总面积约39万平方千米，占全国面积4.11%，在全国各省级行政区中面积排名第八。北回归线穿过省境南部。云南省的东面是广西壮族自治区和贵州省，北面是四川省，西北面是西藏自治区。

二、云南与越南、老挝、缅甸三国接壤

云南地处祖国西南边陲，与越南、老挝、缅甸三国接壤，与泰国、柬埔寨、孟加拉和印度等国邻近，是我国从陆上沟通太平洋、印度洋，连接东南亚、南亚、西亚三大市场，中国东盟"10＋1"和泛珠三角"9＋2"之间的

连接点，是大湄公河次区域合作的主要参与者，是构建孟中印缅经济走廊的重要起点。

早在秦汉时期，中国西南就出现一条经昆明通往境外的"古代南方丝绸之路"。云南北上可连接丝绸之路经济带，南下可连接海上丝绸之路，是中国唯一可以从陆上沟通东南亚、南亚的省，并可以通过中东连接欧洲、非洲，开拓西向贸易通道。独特的区位优势使得云南成为"一带一路"建设具有突出地缘优势的省份之一。

云南西双版纳境内的中国－缅甸界碑

三、云南有 4060 千米的边境线

云南省与邻国的边界线总长为 4060 千米，约占我国陆地边境线的 1/5，几乎囊括了云南省的南部和西部边界，其中：中缅段 1997 千米，中老段 710 千米，中越段 1353 千米。云南自古就是中国连接东南亚各国的陆路通道。有出境公路 20 多条，15 个民族与境外相同民族在国境线两侧居住。

四、云南有 8 个州市、25 个县市沿边

云南有 8 个州市共 25 个边境县（市）与 3 个国家的 6 个省（邦）32 个县（市、镇）接壤。从云南省西北边到东南边 25 个县（市）依次为：贡山独龙族怒族自治县、福贡县、泸水县、腾冲县、盈江县、陇川县、瑞丽市、芒市、龙陵县、镇康县、耿马傣族佤族自治县、沧源佤族自治县、西盟佤族自治县、孟连傣族拉祜族佤族自治县、澜沧拉祜族自治县、勐海县、景洪市、勐腊县、江城哈尼族彝族自治县、绿春县、金平苗族瑶族傣族自治县、河口瑶族自治县、马关县、麻栗坡县和富宁县。

云南拥有特殊的地理区位，与缅甸、老挝、越南接壤，具有复杂的地理环境、社会条件及丰富的自然资源，对维护边境、生态安全具有重要意义；也是云南桥头堡战略建设的前沿地带，其拥有 4 个一类口岸，11 个二类口岸；边境县域森林、水力、矿产、人力等资源丰富。

怒江州：泸水、福贡、贡山；

德宏州：芒市、盈江、陇川、瑞丽；

保山市：腾冲、龙陵；

临沧市：镇康、耿马、沧源；

普洱市：孟连、澜沧、西盟、江城；

西双版纳州：景洪、勐海、勐腊；

红河州：金平、绿春、河口；

文山州：马关、麻栗坡、富宁。

第二节　民　族

云南有 26 个世居民族，分别是：汉族，白族、哈尼族、傣族、傈僳族、佤族、纳西族、拉祜族、景颇族、布朗族、普米族、阿昌族、怒族、基诺族、德昂族、独龙族、彝族、苗族、壮族、回族、藏族、瑶族、蒙古族、水族、满族、布依族。

一、云南有 15 个独有民族，是独有民族最多的省区

有 15 个民族为云南独有，他们是：白族、哈尼族、傣族、傈僳族、佤族、纳西族、拉祜族、景颇族、布朗族、普米族、阿昌族、怒族、基诺族、德昂族、独龙族。

云南各民族

二、云南有少数民族人口 1500 万左右，约占全省人口的三分之一

根据《云南省 2010 年第六次全国人口普查主要数据公报》，全省总人口为 4596.6 万人。汉族人口为 3062.9 万人，占总人口的 66.63%；各少数民族人口为 1533.7 万人，占总人口的 33.37%。其中，彝族人口为 502.8 万人，占总人口的 10.94%；哈尼族人口为 163.0 万人，占总人口的 3.55%；白族人口为 156.1 万人，占总人口的 3.40%；傣族人口为 122.2 万人，占总人口的 2.66%；壮族人口为 121.5 万人，占总人口的 2.64%；苗族人口为 120.3 万人，占总人口的 2.62%；回族人口为 69.8 万人，占总人口的 1.52%，傈僳族人口为 66.8 万人，占总人口的 1.45%；拉祜族人口为 47.5 万人，占总人口的 1.03%。据云南省统计局公布的数据，到 2015 年末全省人口总数为 4741.8 万人。各民族分布呈"大杂居、小聚居"的特点。

三、云南有 8 个民族自治州、29 个民族自治县、196 个民族乡

云南省 16 个州市中有 8 个少数民族自治州，分别为：文山壮族苗族自治州，红河哈尼族彝族自治州，西双版纳傣族自治州，楚雄彝族自治州，大理白族自治州，德宏傣族景颇族自治州，怒江傈僳族自治州，迪庆藏族自治州。

云南省 129 个县市区中，民族自治县有 29 个，分别为：峨山彝族自治县，宁蒗彝族自治县，南涧彝族自治县，寻甸回族彝族自治县，镇沅彝族哈尼族拉祜族自治县，兰坪白族普米族自治县，双江拉祜族佤族布朗族傣族自治县，景谷傣族彝族自治县，景东彝族自治县，宁洱哈尼族彝族自治县，金平苗族瑶族傣族自治县，禄劝彝族苗族自治县，漾濞彝族自治县，维西傈僳族自治县，新平彝族傣族自治县，元江哈尼族彝族傣族自治县，墨江哈尼族自治县，西盟佤族自治县，沧源佤族自治县，河口瑶族自治县，屏边苗族自治县，玉龙纳西族自治县，石林彝族自治县，巍山彝族回族自治县，贡山独龙族怒族自治县，耿马傣族佤族自治县，孟连傣族拉祜族佤族自治县，江城哈尼族彝族自治县，澜沧拉祜族自治县。

云南省 1245 个乡镇（街道）中包含 196 个民族乡，具体名单此处不一一列举。

第三节 山 区

云南省是一个以高原山地为主的省份，地形的类型极为多样化，包括高原、山原、高山、中山、低山、丘陵、盆地、河谷等。其中大约山地占 84%，高原、丘陵约占 10%，盆地、河谷约占 6%。

云南省的地势跟中国整体的地势差不多，西北高而东南低。全省最高峰是西北部迪庆藏族自治州德钦县的梅里雪山，海拔 6740 米。最低点是河口县的红河河谷，海拔 76.4 米。云南的地形大体上可以以元江河谷为界，分为东西两大部分：云南省的东半部称为云南高原，是云贵高原的一部分，平均海拔 2000 米左右，总体上地形呈波涛状起伏，高原上广泛呈现的是低山、丘陵景观，在小范围内可以表现为起伏较为和缓的高原面，这类地形相对平缓的地区约占全省总面积的 10% 左右。云南省的西半部是著名的横断山脉或称滇西纵谷区，特征是高山、峡谷相间。云南省的主要山脉在西半部，有高黎贡山、怒山、云岭、哀牢山、无量山、梅里雪山、玉龙雪山、苍山等。全省分三个梯层，滇西北德钦、香格里拉县一带为第一梯层，滇中高原为第二梯层，南部、东南和西南部为第三梯层，平均每千米递降 6 米。盆地和高原台地，西南地区俗称"坝子"。

在云南省起伏纵横的高原山地之中，断陷盆地星罗棋布。云南这些盆地又称"坝子"。云南全省面积在 1km^2 以上的坝子共有 1445 个，面积在 100km^2 以上的坝子有 49 个，云南最大的坝子在陆良县，面积为 771.99km^2。云南名列前 10 位的坝子还有：昆明坝（763.6km^2）、洱海坝（601km^2）、昭鲁坝（524.76km^2）、曲沾坝（435.82km^2）、固东坝（432.79km^2）、嵩明坝（414.6km^2）、平远坝（406.88km^2）、盈江坝（339.99km^2）、蒙自坝（217km^2）。

八面群山

第四节 贫 困

云南有 73 个国家级贫困县，占全国 593 个的 12.3%，全国数量最多。

云南省国家级贫困县名单：

昆明市：东川区、禄劝县、寻甸县；

曲靖市：富源县、会泽县；

保山市：施甸县、龙陵县、昌宁县；

昭通市：昭阳区、鲁甸县、巧家县、盐津县、大关县、永善县、威信县、绥江县、彝良县、镇雄县；

丽江市：宁蒗县、永胜县；

普洱市：镇沅县、墨江县、景东县、江城县、孟连县、西盟县、澜沧县、宁洱县；

临沧市：永德县、凤庆县、沧源县、镇康县、云县、临翔区、双江县；

文山州：广南县、马关县、砚山县、丘北县、文山市、富宁县、西畴县、麻栗坡县；

西双版纳州：勐腊县；

德宏州：梁河县；

怒江州：泸水市、兰坪县、贡山县、福贡县；

迪庆州：维西县、香格里拉县、德钦县；

大理州：漾濞县、鹤庆县、弥渡县、南涧县、巍山县、永平县、云龙县、洱源县、剑川县；

楚雄州：双柏县、南华县、大姚县、姚安县、武定县、永仁县；

红河州：屏边县、金平县、泸西县、元阳县、红河县、绿春县。

云南有600万贫困人口，约占全省人口的六分之一。（以2011年定的2300元扶贫标准计算）。

根据国家统计局2011年人均2300元的新阶段全国农村贫困扶持标准，云南省农村贫困人口进行测量结果为：2011年末云南省贫困人口为1014万人，居全国第二。截止2015年农村贫困人口累计脱贫543万，2015年云南精准发力脱贫攻坚，有望实现12个贫困县摘帽，1253个贫困村出列，120万贫困人口脱贫。

云南有四大集中连片扶贫开发地区（共85个县）。

在全国14个连片特困地区中，云南省涉及4个片区91个县，数量居全国第一位。截至2012年底，4个片区贫困人口占云南省贫困人口的80%以上、深度贫困人口占全省深度贫困人口90%以上。

贫困地区留守儿童早当家

云南省集中连片贫困地区 91 个县区名单

州市名	县区名
昆明市	禄劝彝族苗族自治县
	寻甸回族彝族自治县
曲靖市	师宗县
	罗平县
	会泽县
	宣威市
保山市	腾冲县
	隆阳区
	施甸县
	龙陵县
	昌宁县
昭通市	昭阳区
	鲁甸县
	巧家县
	盐津县
	大关县
	永善县
	绥江县
	镇雄县
	彝良县
	威信县

续表

州市名	县区名
丽江市	古城区
	玉龙纳西族自治县
	永胜县
	宁蒗彝族自治县
普洱市	思茅区
	宁洱哈尼族彝族自治县
	墨江哈尼族自治县
	景东彝族自治县
	景谷傣族彝族自治县
	镇沅彝族哈尼族拉祜族自治县
	江城哈尼族彝族自治县
	孟连傣族拉祜族佤族自治县
	澜沧拉祜族自治县
	西盟佤族自治县
临沧市	临翔区
	凤庆县
	云县
	永德县
	镇康县
	双江拉祜族佤族布朗族傣族自治县
	耿马傣族佤族自治县
	沧源佤族自治县

续表

州市名	县区名
楚雄州	楚雄市
	双柏县
	牟定县
	南华县
	姚安县
	大姚县
	永仁县
	武定县
红河州	屏边苗族自治县
	石屏县
	泸西县
	元阳县
	红河县
	金平苗族瑶族傣族自治县
	绿春县
文山州	文山市
	砚山县
	西畴县
	麻栗坡县
	马关县
	丘北县
	广南县
	富宁县

续表

州市名	县区名
西双版纳州	勐海县
	勐腊县
大理州	大理市
	漾濞彝族自治县
	祥云县
	宾川县
	弥渡县
	南涧彝族自治县
	巍山彝族回族自治县
	永平县
	云龙县
	洱源县
	剑川县
	鹤庆县
德宏州	芒市
	梁河县
	盈江县
	陇川县
怒江州	泸水县（现已改市）
	福贡县
	贡山独龙族怒族自治县
	兰坪白族普米族自治县
迪庆州	香格里拉县
	德钦县
	维西傈僳族自治县

第三章 现实省情——四个不足

中共云南省委第九次党代会阐述的云南现实省情：——发展不够快、不充分、不协调、不平衡。省委第十次党代会据此进一步指出了云南存在的很多差距和不足。由于历史、地理、交通等方面的原因，经济社会发展水平仍然相对落后，仍处于并将长期处于社会主义初级阶段。目前云南经济社会发展的阶段性特征主要是发展不充分、不平衡、不协调、不可持续，核心是发展不充分。

第一节 发展不够快

一、纵向看，发展成就显著，变化令人鼓舞

"十一五"以来，全省坚持以经济建设为中心，坚持发展为第一要务，坚持好字当头、好中求快、能快则快，经济发展的速度、质量和水平上了一个新台阶，实现了改革开放以来经济增速第2次超过11%达到11.8%的良好局面。产业结构调整取得明显成效，三次产业比重由2005年的19.1：41.2：39.7调整到2015年的15.0：40.0：45.0；非烟工业增加值占全部工业增加值比重提高到67%左右，电力、钢铁、有色、化工等产业的竞争力进一步提升，先进装备制造、光电子、新材料、生物医药、绿色食品等新兴产业发展加快。粮食总产量达到1876.4万吨。全省人民币存贷款余额双双突破2万亿元。2015年全省实现生产总值1.37万亿元，人均生产总值29015元，工业增加值超过3900亿元，财政总收入超过3250亿元，地方财政一般预算收入1808亿元，社会消费品零售总额5103亿元，外贸进出口总额245亿美元以上，全社会固定资产投资增加到13069亿元，取得了生产总值、人均生产总值、工业增加

值、财政总收入、地方财政一般预算收入、社会消费品零售总额、外贸进出口总额、全社会固定资产投资总额实现或基本实现翻番的显著成效。

实施大项目带动战略，坚持加大投入，不断增强发展后劲，基础设施瓶颈制约初步缓解。建成了一批事关全局的好项目、大项目。综合交通运输体系不断完善，全省以云桂铁路、沪昆铁路客运专线等高标准铁路项目为代表的大规模铁路逐步开通开工开建，铁路运营里程近3000千米，在建规模超过2200千米；昆明新机场建设运营后，全省机场总数达到19个，位列全国第2位；公路通车里程突破20万千米，其中高速公路里程超过4000千米；农村公路建设成为重要亮点，乡镇公路路面硬化和建制村通公路比重分别达到90%和98%，通畅和通达率较2005年提高了近1倍。高速宽带网络覆盖全省，电子政务建设成效显著。能源建设加快推进，发电装机容量超过4300万千瓦，中缅油气管道及石油炼化工程稳步推进。以"润滇工程"为重点的水源工程建设力度加大，国家规划内的541件病险水库除险加固全部完成，大型灌区和山区"五小水利"工程建设进一步加强，全省蓄水库容超过120亿立方米。

云南高速公路

社会保障体系得到进一步加强，新型农村合作医疗实现全覆盖，养老保险实现省级统筹，工伤、城镇居民医疗、失业、生育保险实现州市级统筹，企业退休养老金、失业保险金、工伤人员待遇进一步提高。到2015年，全省城镇职工养老保险参保412.94万人，城镇基本医疗保险参保1140.76万人，失业保险参保243.34万人，工伤保险参保368.07万人，生育保险参保289.83万人，城乡基本养老保险参保2253.3万人，城镇常住居民人均可支配收入和农村居民人均纯收入超过26 373元和8242元。十二五期间全省城镇保障性安居工程开工建设超过60万套，基本建成30万套，完成了国家下达的年度目标，完成保障性住房分配入住超过 50 万套。农村危房改造及地震安居工程建设超过 50 万户，受益人口近 250 万人。2015 年，4 个连片特困地区的 91 个片区县人均 GDP 达到 17 054 元，贫困发生率下降到 15.49%，农民人均纯收入增幅连续 5 年高于全省平均水平，社会服务保障水平和综合经济实力大幅提升，"数字乡村"工程覆盖全省。

二、横向比，各省市区你追我赶、竞相发展，差距仍然很大

由于历史和地理位置等自然因素的制约，致使云南经济发展与其他省份相比还存在很大差距。主要经济社会指标在全国仍处于后位，综合实力不强、产业普遍缺乏竞争力、人民生活水平低、社会事业发展滞后。2015 年云南人均 GDP 为 29 015 元，按年末汇率折合为 4659 美元，仅相当于全国平均水平的 55.8%。

工业化、城市化、市场化、信息化、国际化是衡量一个国家或地区发展水平的重要指标，但云南这"五化"水平低。云南第一产业占的比重比全国平均水平高 6 个百分点，第二、三产业分别比全国低 1.9 和 4.3 个百分点。从工业化来看，2015 年云南第二产业增加值占地区生产总值的比重为 40%，而全国为 40.5%。全国已进入工业化中后期，而云南才进入到中期的低门槛，表现为工业技术水平低，仍以初级加工产品为主，产业链短，附加值低，竞争力弱，资源能源浪费严重；工业结构不合理，轻工业以烟草为主，重工业以矿电为主；传统产业占的比重大，高科技产业、高附加值产业、新兴产业发展滞后。全省以工业化推动现代化、以信息化带动工业化、以工业化促进信息化的任务十分繁重。从城市化来看，2015 年全国城镇人口占总人口的比重达 53.7%，进入中期阶段，云南比全国平均水平低 13 个百分点。从市场化来看，云南除一般商品与服务市场相对发达外，土地、资本、劳动力等要素市场发展滞后。云南总体市场化程度在 40% ~ 45% 左右，而全国达 60% 左右。从信息化来看，云南信息产业规模小、实力弱、产值低，未能发挥先导性作用。从国际化来看，云南对外贸易、利用外资规模与全国相比差距很大。全国经济外向度达 45% 以上，云南只有 14% 左右。云南外贸、利用外资总额占全国的比重不到 1%。

云南虽然总体实现小康，但还是低水平的、不全面的、发展很不平衡的小康。截至 2015 年底，云南还有贫困人口近 471 万人。

从市场化程度、劳动生产率、对外开放程度、科技发展水平和农民生活状况等指数来看，云南与其他省份和全国平均水平相比，都处于比较低的水平。

地区	市场化程度	排名	地区	市场化程度	排名
湖北	43.64	1	广西	31.87	17
北京	40.63	2	天津	31.75	18
重庆	40.30	3	上海	31.57	19
四川	38.22	4	内蒙古	31.26	20
吉林	37.83	5	甘肃	30.84	21
辽宁	36.56	6	河南	30.62	22
湖南	36.48	7	江西	30.60	23
福建	34.47	8	江苏	30.45	24
广东	34.09	9	贵州	29.97	25
山西	33.39	10	海南	29.59	26
浙江	33.09	11	云南	29.41	27
黑龙江	33.00	12	河北	29.08	28
陕西	32.95	13	青海	26.58	29
西藏	32.73	14	宁夏	26.24	30
安徽	32.64	15	新疆	24.06	31
山东	32.50	16			

地区	劳动生产率	排名	地区	劳动生产率	排名
上海	139049	1	海南	29490	17
天津	116709	2	宁夏	28734	18
北京	84156	3	陕西	28438	19
江苏	61388	4	青海	28362	20
广东	58729	5	河南	26006	21
内蒙古	56319	6	江西	25051	22
辽宁	53221	7	湖南	24538	23
浙江	51946	8	重庆	23037	24
山东	49344	9	西藏	22269	25
吉林	48210	10	四川	21984	26
福建	46272	11	广西	21581	27
新疆	43993	12	安徽	20470	28
黑龙江	42564	13	甘肃	19663	29
河北	38432	14	云南	18230	30
山西	36987	15	贵州	12010	31
湖北	33408	16	全国	35800	

地区	进出口	外贸依存度	地区	进出口	外贸依存度
上海	2828.5	176.4	河北	255.2	14.2
北京	1930.0	156.8	云南	87.9	14.1
广东	6341.9	155.1	重庆	74.4	13.7
天津	714.5	107.5	宁夏	15.8	13.5
江苏	3494.7	103.2	江西	94.5	13.1
浙江	1768.5	71.6	湖北	148.7	12.2
福建	744.5	61.2	广西	92.6	11.8
辽宁	594.7	41.0	四川	143.8	10.4
山东	1224.7	35.9	内蒙古	77.4	9.7
新疆	137.2	29.6	陕西	68.9	9.6
海南	35.1	21.8	西藏	3.9	8.7
黑龙江	173.0	18.6	湖南	96.9	8.0
安徽	159.3	16.4	河南	127.9	6.5
甘肃	55.2	15.5	贵州	22.7	6.3
山西	115.8	15.4	青海	6.1	5.9
吉林	103.0	14.8	全国	21737.3	59.9

地区	万人口科技活动人员	R&D人员	R&D经费	R&D经费占GDP的比重	地区	万人口科技活动人员	R&D人员	R&D经费	R&D经费占GDP的比重
北京	245.9	18.8	505.4	5.4	黑龙江	30.1	4.8	66.0	0.9
上海	122.7	9.0	307.5	2.5	山西	37.7	3.7	49.3	0.9
天津	101.1	4.5	114.7	2.3	江西	16.6	2.7	48.8	0.9

续表

地区	万人口科技活动人员	R&D人员	R&D经费	R&D经费占GDP的比重	地区	万人口科技活动人员	R&D人员	R&D经费	R&D经费占GDP的比重
陕西	39.7	6.5	121.7	2.2	湖南	21.5	4.5	73.6	0.8
江苏	57.4	16.1	430.2	1.7	宁夏	23.8	0.6	7.5	0.8
浙江	68.7	12.9	281.6	1.5	河南	20.5	6.5	101.1	0.7
辽宁	43.9	7.7	165.4	1.5	河北	19.6	4.5	90.0	0.7
广东	47.5	20.0	404.3	1.3	云南	12.7	1.8	25.9	0.6
四川	25.7	7.9	139.1	1.3	贵州	10.4	1.1	13.7	0.5
山东	35.3	11.7	312.3	1.2	青海	20.3	0.3	3.8	0.5
湖北	30.4	6.7	111.3	1.2	内蒙古	17.5	1.5	24.2	0.4
重庆	29.8	3.2	47.0	1.1	广西	14.0	2.0	22.0	0.4
安徽	18.5	3.6	71.8	1.0	新疆	14.4	0.9	10.0	0.3
吉林	34.0	3.3	50.9	1.0	海南	10.5	0.1	2.6	0.2
甘肃	20.4	1.9	25.7	1.0	西藏	12.7	0.1	0.7	0.2
福建	31.5	4.8	82.2	0.9					

地区	高技术产业增加值	高技术产业增加值占全国	高技术产业占工业增加值	地区	高技术产业增加值	高技术产业增加值占全国	高技术产业占工业增加值
北京	558.1	4.8	25.8	湖北	301.0	2.6	9.2
天津	608.7	5.2	20.6	湖南	101.8	0.9	3.6
河北	135.3	1.2	2.8	广东	2867.3	24.7	20.3
山西	58.4	0.5	2.1	广西	68.0	0.6	4.5

续表

地区	高技术产业增加值	高技术产业增加值占全国	高技术产业占工业增加值	地区	高技术产业增加值	高技术产业增加值占全国	高技术产业占工业增加值
内蒙古	56.9	0.5	2.2	海南	16.2	0.1	5.8
辽宁	298.8	2.6	5.5	重庆	82.6	0.7	6.0
吉林	133.2	1.2	6.4	四川	394.7	3.4	9.8
黑龙江	81.3	0.7	2.9	贵州	78.1	0.7	8.8
上海	933.1	8.0	17.0	云南	40.0	0.3	2.6
江苏	2093.4	18.0	16.2	西藏	3.6	0.0	15.3
浙江	596.9	5.1	7.9	陕西	199.2	1.7	8.4
安徽	91.4	0.8	3.6	甘肃	25.2	0.2	2.7
福建	445.0	3.8	12.4	青海	8.2	0.1	2.4
江西	140.5	1.2	7.7	宁夏	8.3	0.1	2.2
山东	954.6	8.2	6.5	新疆	6.7	0.1	0.5

	农村居民恩格尔系数	排名	城镇居民恩格尔系数	排名		农村居民恩格尔系数	排名	城镇居民恩格尔系数	排名
内蒙古	39.31	11	30.44	1	陕西	36.80	4	36.36	17
山西	38.53	9	32.10	2	江苏	41.14	16	36.67	18
北京	33.32	1	32.18	3	重庆	54.46	30	37.15	19
山东	37.81	7	32.90	4	青海	43.70	18	37.32	20
吉林	40.48	15	33.21	5	辽宁	39.61	12	37.76	21
河北	36.81	5	33.88	6	福建	46.14	19	38.86	22
河南	38.01	8	34.59	7	安徽	43.30	17	39.67	23

续表

	农村居民恩格尔系数	排名	城镇居民恩格尔系数	排名		农村居民恩格尔系数	排名	城镇居民恩格尔系数	排名
浙江	35.74	3	34.72	8	湖北	47.87	22	39.72	24
黑龙江	34.56	2	35.02	9	贵州	52.17	28	40.24	25
新疆	39.95	13	35.06	10	江西	49.83	26	40.87	26
广东	49.68	25	35.27	11	四川	52.25	29	41.19	27
宁夏	40.31	14	35.32	12	广西	50.18	27	41.69	28
天津	38.66	10	35.33	13	海南	55.95	31	42.77	29
上海	36.85	6	35.50	14	云南	46.52	20	44.97	30
甘肃	46.80	21	35.86	15	西藏	48.69	23	50.94	31
湖南	49.60	24	36.08	16					

第二节　发展不充分

一、经济总量小

从 GDP 总量来看，近二十年来，云南 GDP 排名一直处于全国中下游，基本处于排名 24 名左右。

二、民营经济发展不足

近年来，云南民营经济发展纵向比很快，但横向比差距仍然很大，尤其和发达省份相比发展较为滞后，仍面临多种问题，亟待尽快突破。国家统计局云南调查总队对 558 户小微型企业问卷调查显示，目前云南小微工业企业生产面临熟练技工缺乏、劳工成本上升、原材料成本上升、资金紧张和市场熟悉不足等诸多困境。

民营经济总量偏小。2015 年民营经济增加值占全省 GDP 的比重达到 46.55%，比 2010 年提高约 5 个百分点。但横向看，这一比重较全国平均水平低近 20 个百分点，与民营经济发达的浙江、江苏、山东等省差距较大，也远远低于同处西部的重庆、四川。在 2015 年评出的全国民营企业 500 强中，云南仅3家企业入围，且排名靠后。

发展环境仍不宽松。近年来国家和云南省出台了一系列促进民营经济发展的政策措施，但在一些垄断性和公共建设领域，市场准入壁垒依然存在，民营企业缺乏平等竞争机会。中小企业总体税费负担较重，融资难、用地难、招工难等瓶颈问题仍未得到有效缓解。

服务体系不健全。企业发展中迫切需要的信息服务、创业辅导、信用担保、技术支持、管理咨询、市场开拓等社会化公共服务体系建设滞后，全省仅有少部分州市建立了中小企业综合服务中心，县级还是空白。

企业竞争力弱。云南省民营、中小企业大多从事资源型、粗加工行业，处于产业链低端，产品附加值低，趋同现象明显，普遍存在创新能力弱、管理水平低、市场开拓能力差等问题。

三、县域经济发展较差

近年来，云南县域经济发展已成为推动全省经济增长和社会发展的重要力量。但就总体而言，仍处于全国后列，全省绝大多数县是农业弱县、工业小县、财政穷县和农民生活水平低、生活质量差的县，发展中存在诸多困难和问题。按照统筹城乡经济社会发展、与全国同步建成小康社会目标的要求，云南省的县域经济发展任重而道远。

自2001年中郡县域经济研究所公布全国县域经济基本竞争力百强县（市）以来，到2015年已连续15届，云南无一县（市）进入。即使是进入中国西部百强县（市）的云南县（市），其排位处于下降态势。

云南省129个县级行政区划单位中，市辖区只有16个，县级市、县、自治县有113个，县域单位占90.70%，市辖区的面积仅占总面积的2.7%，县域人口比例达到86.3%。从第一届到第十五届进入中国西部百强县（市）的云南县（市）看，大致维持在10个县（市）左右。从区域分布看，云南进入西部百强县（市）的单位主要集中在昆明、曲靖和红河。以第十一届为例，云南有11个县（市）进入西部百强，分别是安宁、个旧、大理、楚雄、富源、宣威、弥勒、呈贡、文山、蒙自、开远。其中红河最多，有四个县（市），其次是昆明和曲靖，分别为两个。

云南县域经济发展中存在的主要问题是：传统农业的低效率；中小工商企业发展不足，尤其是县域非公经济发展严重不足；滞后的城镇化；经济发展水平偏低、总量小，发展极不平衡，整体竞争力较弱；产业结构层次偏低，经济结构不尽合理，产业调整依然滞后；经济运行效益较低，经济自主增长乏力，县级财政运转困难；生产要素大量外流，对外开放程度偏低。云南的很多县均是农业大县、工业小县、财政穷县。

四、贫困面大程度深

目前，云南全省有国定扶贫重点县 73 个、省定重点县 7 个，连片特困地区重点县 91 个，国定重点县和连片特困地区重点县均居全国第一，国家和省级扶贫重点县占到全省县级行政区的 77.5%。截止 2015 年年底，云南还有470 万贫困人口。分布在 105 个县 1.37 万个特困自然村，扶贫开发成本高，脱贫难度大。又由于经济欠发达，地方财力弱，扶贫开发资金缺口巨大。

云南省的乌蒙山区、滇西边境山区、石漠化地区和藏区等四个片区已被列入全国连片扶持贫困区，涉及 15 个州市 91 个县。这四大连片特困地区，贫困人口占云南全省 80% 以上，深度贫困人口占 90% 以上，少数民族人口占全省 70% 以上。8 个人口较少民族基本集中于此，是区域协调发展最为薄弱的环节，贫困问题存在着区域性、综合性、复杂性的特征，生态环境脆弱，自然灾害频发，经济社会发展十分落后。

云南怒江流域的贫困村寨

贫困人口大多居住在偏僻山区，如独龙族聚居的独龙江乡，距县城 90 多千米，翻越海拔 3000 多米雪山。这些地区或高寒冷凉、或地势峻峭、或干旱少雨，生产生活条件差，许多相应的配套设施建设难度大、成本高。由于地处边远，山高谷深等自然条件的限制和基础建设资金投入严重不足，导致聚居地区农田水利、交通、输电和通信等基础设施较差。

整村推进、整乡推进中虽基本上已实现村村通自来水、通电、通公路、通电话，但一般只能推进到建制村一级实现，大部分自然村仍然存在方方面面的问题。

由于泥石流、干旱、洪涝、雪灾等自然灾害频繁，交通道路等级低，晴通雨阻，干旱缺水等现象仍然突出。有接近20%的村落每年遭受的严重自然灾害造成减产3成以上。例如独龙江乡6个建制村虽已通电，但只能利用小水轮发电；大多数公路等级低、质量差，多属简易公路，且由于雨季长，泥石流不断发生，公路经常被毁中断，晴通雨阻的现象相当严重；每年雨季经常发生的山体滑坡会阻断路面。

大部分村民小组没有通电、通电话和通电视，信息交流不畅；水利建设方面，农田沟渠投入不足、等级低，大部分年久失修，不能很好地发挥作用，水利化程度不到10%，大部分村落水利设施落后，有效灌溉率不高，耕地产量低，经济效益差；18%的人口安全饮用水问题仍未解决，人畜饮水问题还未得到彻底解决，饮用水水质差、量不够，旱季群众饮水困难。

村容村貌方面，村庄布局不合理，住房条件较差。现有住房还有很大一部分是土木结构的土坯房和挂墙房，住房极为简陋且居住面积极小，部分人家住房面积不足30平方米，相当一部分人家还存在着人畜混居的状况，还有部分人口居住在危旧房中。大部分村寨没有公厕，卫生状况不佳。能源建设方面，群众仍然都是利用柴火取暖做饭，沼气、太阳能等新能源的推广使用率低。

不少散杂居地区都存在森林覆盖率低、植被破坏严重、水土大量流失的现象，再加上山高坡陡、洪灾、风灾、冰雹灾大肆横行，造成地区贫困程度深、脱贫难度大，赖以生存的农业基础变得十分脆弱，陷入"无灾不成年"的困境。

第三节　发展不协调

云南经济发展迅速，成绩显著，同时，云南省的产业结构也在不断地向合理化、高度化方向调整与优化，但与全国经济发展水平及产业结构状况相比，云南仍然属于落后省份，且产业结构的不合理性及低效益等矛盾突出，从而导致经济发展水平不高。因此，迫切需要对云南省产业结构进行调整优化，使云南经济健康快速发展。

一、第一产业不优

1. 可持续发展能力不强

一是农业基础设施薄弱，抗灾能力差。近年来，云南省受灾面积呈增长态势，2015年受灾面积达1596万亩。一方面，云南省旱地坡地缺乏水利基础设施，60%的耕地只能"靠天吃饭"，农户自身抗灾能力极其有限，易受旱灾。以灾情最为严重的 2010 年为例，当年云南省发生特大旱灾，作物受灾面积达到 4435.5 万亩，是 2009 年的 3 倍。另一方面，云南省水利基础设施老化，建设滞后，排灌沟渠不畅，在雨季易受涝害。二是部分农产品单产明显偏低，优质专用原料供给能力有待提高。云南省茶园、甘蔗园面积居全国第一位，而按照采摘面积算，云南省茶叶单产远低于福建省，甘蔗单产远低于广西，低于自然条件和生产模式与我国相近的泰国、印度。三是部分新兴农业产业产值偏低，发展水平有待提升。云南鲜切花种植面积和产量居全国第一位，但是全省花卉产值只有不到 500 亿元，在全国排第六位，只有浙江花卉产业产值的 60%。

2. 龙头企业少、小、弱，品牌建设滞后

一是龙头企业状况难以适应农业产业化发展要求。截至 2015 年上半年全省共有农业龙头企业 3300 家，其中省级以上龙头企业销售收入达 650 亿元，全省农业龙头企业实现利润总额 50 亿元，规模以上农业产业化企业总数仅占全国总数的 2%；产值亿元以上的仅占全国的 1%；农业龙头企业的销售收入不到全国的 1%；缺乏跨地区、跨行业的大规模、高档次、深加工的大企业和大集团。二是农业产业品牌市场认知度较低。目前，云南省已有超过 120 个产品获准实施地理标志产品保护，超过 60 个产品获得了云南省名牌称号，在一定程度上促进了农业产品品牌的发展。但在全国范围内有影响力的农业产业化龙头企业和品牌不多，2017 年初公布的《中国 100 个最具价值品牌》排行榜中，云南省只有"云南白药"1 个品牌上榜。

科技人员指导农业生产

3. 农民组织化程度仍然偏低

农民专业合作组织数量、合作社成员及注册资金远低于全国特别是沿海经济发达省份的水平。其中从事种植业、养殖业的农民专业合作社占总数近90%，而涉及加工、仓储、运输的农民专业合作社比例还不到5%。

4. 农产品深加工转化率低

2015 年，云南省农产品加工业总值突破 1500 亿元，不到云南省生产总值的 9%，还不到全国总量的 2%。云南省除烤烟、三七等少数农产品外，绝大多数农产品主要以单一原料和初级产品为主，农产品深加工转化率只有 31%，深加工比例不到 5%。

5. 农业企业贷款难

云南省绝大多数农业产业化企业处于成长阶段，标准化、规模化、集约化程度较低，突出特征是不大不强不优。农业企业做强壮大、深化发展需要大量的资金投入，从调研看，贷款难依然是制约农业龙头企业发展的瓶颈问题。一是农业龙头企业缺乏足额、有效的抵押担保物；二是农业龙头企业难以达到金融机构的信贷准入门槛；三是农业生产周期长、见效慢，大多数金融机构不愿将资金投放到农业产业上；这些原因导致农业龙头企业难以获得贷款。

二、第二产业不强

1. 工业结构不合理，新型制造业和高新企业发展缓慢，就业机会少

工业结构、工业产品结构及技术结构确定不合理，其突出表现是传统制造业比重大，新兴制造业比重小，工业结构各部分严重失衡。大多数工业都只停留在依靠原材料来进行生产，高耗能、高污染特别突出，其附加值较低。例如，云南省化学工业以基础化工原料和化肥为主体的高耗能产业格局近期难以改变，行业调整产业、产品结构的任务十分艰巨。企业新产品开发力度不足，但传统化工产品产能过剩明显，大部分主要产品供过于求。高耗能产品如电石、烧碱、焦化等产业发展迅猛，促成能耗总量增长过快，由于产品生产工艺相对稳定，大规模改造需要资金和先进技术，单位产品能耗大幅度降低的难度较大。

2. 融资渠道不畅、融资体制不顺，投资缺乏既严谨又宽松的法制环境

工业的投融资体制市场化程度低，政府行为色彩浓厚，导致投资者积极性不高，投资顾虑较多，所以，积累、储蓄不能有效地转化为投资；政府投资的资本化运作程度低，政府资金无偿划拨、周转不灵、回收不了的情况广泛存在。政府投资的引导性不足，多元投资格局难以形成，民间投资和社会投资乏力。

3. 工业发展严重不平衡

全省工业发展不仅与发达省市差距较大，而且省内各州市之间发展严重不平衡。有的州市工业经济增长速度还在低位徘徊，许多地处边疆的县还没有像样的工业企业。从规模以上工业增加值来看，2000～2015年，全省16个州市中，昆明、玉溪、曲靖、红河、大理、楚雄和昭通7个州市工业增加值仍占全省的90%以上，其他州市仅占不到10%。全省工业增加值最高的100户企业有80%左右位于以上7个州市。从重点产业来看，烟草、冶金、化工等产业也主要布局在以上7个州市。

4. 科技创新能力不强

目前，云南科技创新能力不强也是制约工业发展的主要因素之一。首先，技术创新财力投入不足。2015年，全省R&D费用占GDP的0.8%左右，低于全国1.8%的水平，与发达国家一般都在2%以上相比有较大差距。其次，科技人才缺乏和分布不合理并存。目前，专业技术人员在总量上不足，尤其是能源、化工、造纸、信息等产业的专业技术人员比较缺乏。同时，技术人才分布不合理，全省专业技术人员仅有1/3在企业，2/3集中在党政机关和事业单位，其中教育类技术人员比重较大。再次，多数企业没有开展科技活动。2015年，规模以上工业企业R&D经费内部支出61.96亿元，仅占全省工业总产值的0.2%。

5. 环境保护不足，环境资源破坏严重

很多城市过度开采挖掘煤炭、有色金属等资源造成城市地质塌陷，地下水资源枯竭。但是，尽管各地政府都已经认识到了问题的严峻性和紧迫性，在实际执行中依然存在盲区和侥幸心理。改革开放以来，滇池污染、阳宗海污染等给我们留下了深刻的教训。

三、第三产业不特

1. 总量明显不足

据世界银行统计，1997年服务业占GDP的比重，世界水平已经达到61.9%，高收入国家平均为65%。2015年，云南省第三产业增加值6169亿元，占GDP的比重为45%，服务业就业占社会就业总数的比重为18%，其中邮电通讯、金融保险、房地产以及科研综合技术服务四大现代服务业创造的增加值占GDP的比重还不到10%，不仅远低于广东、北京、上海等发达省

市，也低于西部地区的四川、陕西等省。

2. 服务业内部结构不合理，竞争力不强

云南服务业内部的格局大致依旧，传统的批发零售贸易及餐饮和交通运输业持续稳定增长，而为生产和提高居民素质服务的新兴知识技术型服务业发展不足。从增加值内部结构来看，云南省 2015 年以批发零售贸易产业、交通运输、仓储等为代表的传统服务业占整个服务业增加值的 45% 以上，依然保持了在服务业中的基础地位；而金融保险、信息业、咨询业、物流业、科研研究开发与服务、高等教育、旅游、新闻出版、广播电视等在内的新兴服务业占服务业总量增加值尚不到 35%。传统服务业所占比重仍然偏高，为生产和生活服务的金融、保险、咨询、技术服务等现代服务业发育不足，服务业仍处于低层次结构水平，且缺乏竞争力。

云南省第三产业的增加值绝大部分都分布在昆明和州、市政府所在地，尤其是以传统服务业和旅游业发展较好的城市最为集中，而广大农村的第三产业发展非常薄弱，文化、娱乐、医疗和卫生设施及服务匮乏，交通不便、信息不灵、教育滞后、社会化服务体系不健全，尤其是农林牧渔服务业不发达，占第三产业增加值的比重过低。

第四节 发展不平衡

一、城镇与乡村发展不平衡

城乡一体化的路径选择主要取决于地区经济社会发展水平、城镇化水平、产业发展水平等。当前云南实施城乡一体化的经济社会发展环境主要存在以下主要问题。

云南经济发展总体效率不高，城乡之间、地区之间发展不平衡现象突出。从 2006～2015 年云南国民经济和社会发展统计公报的数据，根据当年人民币对美元年末汇率计算，2006 年云南人均 GDP 跃上 1000 美元新台阶，2015 年突破 4500 美元，云南城乡关系进入快速融合时期，初步具备了城乡一体化建设的物质条件。但是云南经济发展存在以下突出问题。一是发展水平仍低于全国平均水平。2015 年云南人均 GDP 为 29 100 元，仅相当于全国平均水平的 58%。云南 129 个县（市）中有 73 个国家扶贫开发工作重点县，占 56.6%，贫困人口占总人口比率为全国最高。二是城镇化率低，农业人口占全省总人口比重大，城乡发展不平衡问题突出，地区发展差异较大。2015 年云南城镇化率仅为43%，低于全国平均水平13个百分点。云南城镇居民人均可支配收入26 373元，农村常住居民人均可支配收入8242元。全省农村居民人均收入最高的昆明市为11 444元，最低的怒江傈僳族自治州为4791元。

云南昆明

城乡一体化规划工作滞后。大多数州市城乡一体化发展规划不是法定规划；城镇规划多，乡村规划少；城乡一体化规划和建设缺乏特色；城乡一体化建设中统筹规划和政策的延续性不够；相关规划对农村居民城镇化的后续发展关注度不够；相当一部分国家扶贫开发工作重点县还没有建立详细的县（市）、乡（镇）、村城乡一体化发展规划；部分规划没有体现最严格的耕地保护制度，一些工业园区和集市规划仍然存在占用优质耕地的现象。

云南怒江流域的贫困户住房

已开展城乡一体化工作的地区投融资管理体制和财政资金投入可持续性问题严峻。城乡融合发展到一定程度的时候，农村的发展水平越来越高，城乡融合对资金的需求量和投入的可持续性会有更高的要求。在统筹城乡发展的后续阶段，即使政府在城乡一体化建设中资金投入绝对量在不断增加，但由于建设资金需求量的扩大还是会导致政府资金供给与投入的相对不足，这是统筹城乡发展过程中一个必须面对的问题。云南大部分地区城乡一体化发展是一个政府主导推动的过程，需要大量资金投入，而云南大多数县是国家扶贫开发工作重点县，资金投入的可持续性必将伴随云南城乡一体化的发展的全过程，成为影响云南城乡一体化发展最核心的问题。

大中城市的辐射力、带动性不强，中小城镇规模小、缺乏特色，对乡村的拉动力不足。云南特大城市仅有昆明，大城市有曲靖市、大理市、个开蒙、玉溪市，但是这些城市的产业主要集中在烟草、矿冶、水电、旅游、生物等少数产业，其中烟草、矿冶、水电产业链延伸、就业带动作用有限，以产业集群为核心架构的城市功能极其不足，使中心城市难以吸纳农村需要转移的庞大劳动力。一些城市周边地区的农村生活水平依然很差，省会城市昆明市与距离其中心城区不远的各县域经济发展水平差距明显。据2016《云南统计年鉴》显示，2015年云南的州市中，除昆明外，其他地区农村就业比重均超过70%以上，全省农村就业比重近70%，大量劳动力滞留农村，反映出云南城市产业发展的就业带动力较弱，大中城市没有充分发挥对农村应有的就业带动作用和产业辐射作用。云南建制镇镇区人口规模平均在5000人左右，超过2万人口小镇不足总量的8%。城镇规模过小，一方面金融、信息、技术等方面的服务水平偏低，生产要素市场发育不足且聚集能力比较差，基础配套设施落后，使小城镇在人才、项目引进、产品技术更新、产业升级等方面受到很大的限制，影响城镇功能的提高。另一方面，过小的城镇规模起不到产业积聚、人口集中和促进第三产业发展的作用，在一定程度上导致小城镇发展缺少必要的资源腹地和人口来源，难以集中有限的物力和财力加快农村城镇化建设的步伐，对周边农村地区和镇域经济起不到应有的辐射带动作用，在吸纳农村富余劳动力、推动乡镇企业发展、聚散物资、促进商品流通上存在局限性。滞后的城镇化发展导致云南城镇对乡村的带动力、辐射力较弱，从而制约云南城乡一体化的总体发展水平。

城乡产业衔接断层、城乡市场分割现象严重。云南第一产业过重，第二产业脆弱，第三产业滞后，并且一、二、三产业之间的关联度小，城乡产业之间存在断层，城乡产业间的关联性微弱、分割性特点突出。城乡产业衔接断层导致城乡市场分割，致使工业反哺农业缺乏有效的渠道，工业未能有效地支援农业以及其他产业发展，大多数地区工业化发展对农村经济发展的推动力很弱。

城乡公共资源配置失衡。农村道路、水利、电力等基础设施建设滞后，部分乡镇基本供排水设施和垃圾堆放设备严重缺乏，脏、乱、差现象十分突出。相当一部分乡镇不通柏油路，部分村民小组不通电、不通广播电视、不通简易公路。城镇居民社会养老保险的给付水平大多数地方最低标准超过1000元，而农村社会养老保险给付水平的最低标准大多数地方仅为130～150元左右。农村卫生监督体系、预防体系、服务体系不够健全，公共文化服务设施建设严重落后；城乡教育发展失衡，城乡教学设施、师资力量差距大。

二、山区与坝区发展不平衡

云南山区、半山区占全省总面积的94%，坝子（盆地、河谷）仅占6%，其中面积在1平方千米以上的坝子有1557个，面积2.51万平方千米；面积在10平方千米以上的坝子有375个，面积2.2万平方千米。

云南省129个县（市、区）中，超过85%的县（市、区）山区面积占全部土地面积95%以上，有18个县（市、区）99%以上的土地是山地。当前云南城乡发展差距较大，受统计数据限制，此处用城镇和农村的发展数据来体现山区和坝区的发展差距。1978年，云南城镇居民收入为315元，农民为130元，差距比为2.41:1，差距绝对值为184元；而到2015年，城镇居民可支配收入为26 373元，农村常住居民可支配收入为8242元，差距比为3:2:1，差距绝对值到了18 131元。由此可见，造成云南省城乡差距的主要原因就是山区农民收入偏低。云南也是全国贫困县最多的省份，这些贫困人口主要居住在高寒山区、石山区和偏远山区，贫困程度深，自我发展能力较弱，要保持山区农民收入的持续增长需要付出更大努力。

三、内地与边疆发展不平衡

保山、普洱、临沧、红河、文山、西双版纳、德宏和怒江8个边境州市，国土总面积占云南省的一半以上，总人口1816.2万人，占全省总人口的39.7%，其中少数民族人口890万人，约占云南省边境地区人口总数的50%。占全省国内生产总值的比重由1995年的24%上升至2015年的29%。尽管经济发展取得了较大成就，但仍属于经济欠发达地区，各项经济指标与全省平均发展水平存在明显的差距。2015年人均国内生产总值、社会消费品零售总额、全社会固定资产投资分别占云南省的72%、26%、30%。具体到25个边境县，发展差距大，形势更是不容乐观。

一是贫困面大、贫困程度深。目前，全省25个边境县贫困发生率基本都高于全省平均水平，目前贫困人口中，少数民族比重近70%，少数民族和民族地区贫困面大、贫困程度深的状况仍然存在，边远少数民族贫困地区的深度贫困问题日益凸显。

二是发展不协调、不平衡，发展差距拉大。总体来看，边疆民族地区经济总量小，支柱产业少，财政自给率低。

三是基础设施薄弱，社会事业发展滞后。边疆民族地区基础设施建设起步晚、起点低，公共服务覆盖面窄，保障能力弱，部分少数民族聚居村不通电、不通电话、不通公路、无安全饮用水的问题依然存在，民族地区社会保障体系建设还处于起步阶段。

四是生产力水平低，自我发展能力弱。民族地区产业结构单一，农民家庭收入主要来源于传统种植养殖业，生产粗放，抵御自然灾害能力弱，农田有效灌溉率低。同时，由于少数民族群众受教育年限较低，学习和掌握科学技术知识能力有限，自我发展能力普遍较弱。

四、经济与社会发展不平衡

与经济发展相比，云南少数民族和民族地区社会发展水平更低，存在的问题和困难更为突出，在教育、科技、文化、卫生、社会保障等诸多方面发展都明显滞后。

1. 教育

教育的突出矛盾是基础过于薄弱。普遍存在校舍不足，危房面积占的比例高的情况；学校教师数量不足，整体素质不高。义务教育步履艰难。平均受教育水平低，文盲比例高，直到 2010 年才基本完成"普九"的任务，这比全国、全省规定的年限都要滞后。高中教育发展严重不足。2012 年高中阶段的毛入学率仅 71%，比全国低近 10 个百分点。职业教育发展滞后，校舍条件差，教学设备不足，师资力量薄弱，因而造成规模小，招生难，就业难。

2. 科技

2015 年云南省的 R&D 经费投入情况为：投入金额 62 亿元，占全国投入总额 10 014 亿元的 0.62%，居于全国倒数第 4 位；R&D 经费投入强度为 0.8%，居于全国倒数第 4 位。自主创新水平居全国第 26 位，西部第 7 位，高新技术产业比重仅占 18%，连全国平均水平的一半都达不到。

3. 文化

文化基础设施薄弱，缺乏资金，文化艺术人才短缺，深受群众喜欢、具有很大影响力的优秀作品不多，具有浓郁民族特色的文化精品更不多。文化产业发展缓慢。多数地区现有文化产业总体规模偏小，结构不合理，产业化程度低，科技含量低，有的处在自生自灭的状态。特别是随着经济的发展，少数民族传统文化保护传承面临严重挑战。

4. 卫生

一是医疗卫生设备简陋。二是乡村卫生人员待遇低。医务人员缺口严重，有的地方平均每位医务人员服务人口近 1000 人，服务面积 15 平方千米。少数民族地区不但卫生专业人员队伍数量不足，素质也不高。突发公共卫生事件应急系统不完善。主要缺乏稳定的经费供给机制；应急药品及器械储备不足；交通工具不足等等。少数民族和民族地区社保工作进展缓慢，是受经济贫困的制约，各级政府拿不出必要的财力予以支撑，群众拿不出必要的资金予以保障；同时，其他保障制度和特殊政策不够完善是主要原因。

第四章 发展省情——四大认知

中共云南省委第九次党代会阐述云南的发展省情是"潜力巨大、特色突出、优势明显、前景广阔",表现为资源丰富、生态良好、文化特色、基础改善、区位优势等多方面。

第一节 潜力巨大

一、生物资源产业

云南是我国生物多样性资源最为丰富的省份之一,具有以生物资源促进经济发展的物质基础和巨大的开发利用潜力。

以生物多样性和生物技术为核心的生物经济是以解决人的生存与生活质量为出发点和最终目标的生命经济。生物产业是以再生性生物资源为主要原料,市场需求规模巨大,能源需求较少,污染性低,产业链条长,有很强的渗透性、带动性和高成长性,具备知识经济和循环经济的双重特征,是创造绿色 GDP 的"领航产业"。

云南是我国生物多样性资源最为丰富的省份之一,享有"生物资源王国"和"生物基因宝库"之称,拥有北半球除沙漠和海洋外的各类生态系统,是全球生物物种高富集区和世界级的基因库,物种数约占世界物种的 10%。天然药物资源占全国 51%,微生物种类占全国已知种类的 60% 以上。分布有 15种灵长类动物,是中国灵长类动物资源最丰富的地区,目前已形成了批量开展树鼩、猕猴、食蟹猴等灵长类动物实验的能力。培育出了具有不同遗传标记、近交系数高达 98.6% 的版纳微型猪等大型实验动物材料。2009 年国家重大科学工程——西南野生种质资源库的建成,使我国的生物战略资源安全得到可靠的保障,同时为进一步挖掘生物基因资源,通过分子改良等技术,提高重要经济农作物的产量和品质,将云南建成我国最重要的生物良种选育基地奠定了重要基础。而另一国家重大科学工程——国家昆明高等级生物安全灵长类动物实验中心的建设，将进一步发挥云南在灵长类实验动物方面的资源特色和技术优势，在生物安全国家体系中发挥应急作用。

依托云南丰富的生物物种资源、基因资源多样性，在坚持可持续利用的前提下，应用现代生物技术提高资源的生物利用度，促进经济增长方式的根本性转变，形成云南特色的优势产业集群，真正使云南的生物资源优势转变为经济优势、竞争优势，使云南由生物资源大省转变为生物经济强省，是21世纪云南经济保持持续快速健康发展的重要支撑，是全面建设小康社会的必然选择。同时，还将为缓解城乡二元经济结构制约，解决"三农"问题，大幅度带动农民增收，构建社会主义和谐社会做出重要贡献。

云南花卉产业

云南生物产业的发展，特别是通过关键优异资源和突破性新种质的发掘、筛选和开发利用，以提供实物产品以及具有自主知识产权、高附加值的知识形式的产品（例如：动物模型、技术标准、专利、生物信息、指纹图谱等），开展生物科技研究与服务等形式，形成一批具有特色的生物产业，填补我国生物产业的空白领域，优化我国生物产业区域布局，不仅可为全国生物产业发展提供资源支撑和技术服务，而且将为保障西部乃至长江、珠江中下游地区的生态安全，促进生物产业有序健康发展做出重要贡献。同时，还将为 GMS 地区和国际社会开展生物多样性科学考察和评价、制定和实施生物多样性保护提供重要的技术支持。

通过"十一五"以来的发展，云南已有较好的生物产业发展基础，生物产业集聚效应初步显现，已逐渐成为我国特色鲜明的生物产业基地。2010 年，云南省以生物农业、生物制造、生物服务和生态产业为主的现代生物产业实现销售收入 500 亿元。在生物多样性资源拥有优势的背景下，生物产业特色明显，具有较强的发展潜力。在十三五期间，力争到 2020 年总产值达到 1.2万亿元以上。

云南省一直致力于生物资源的研究和开发，重视生物技术研发和产业创新能力体系的建设，并在某些领域形成了特色鲜明的技术优势。全省有涉及生物资源开发的国家重点实验室 1 个、省部共建国家重点实验室培育基地 1 个、国家工程研究中心 1 个、联合国粮农组织确认的国际合作研究中心 1 个、国家地方联合工程研究中心 4 个、省级重点实验室 14 个、省级工程研究中心 12 个，省级工程实验室 2 个；中科院、农业部、中国医科院、中国林科院等在云南也建有部分生物类重点实验室、工程中心。全省 140 个科研机构中有 76 个在从事生物资源研发工作；9 名院士中有 4 人从事生物资源方面的研究工作。特别是 2009 年国家重大科学工程——西南野生种质资源库的建成，为下一步挖掘一些重要基因，通过分子改良等技术，提高重要经济农作物的产量和品质，将云南建成我国最重要的生物良种选育基地奠定了重要材料基础。

云南在抗艾滋病天然药物、抗疟新药、贵金属抗癌药物等药物的研发，特色中成药深度发掘和二次开发，生物多样性控制作物病害技术，灵长类等大型实验动物繁殖技术和实验动物研究，烟草育种技术，疫苗、抗体和新型高效植物生长调节剂、新型动物饲料的研究、开发与生产，生物农药和生物菌肥的工程化，少数民族以及动植物和微生物基因资源的收集和基因多样性研究，天然健康食品资源和特种经济作物及物种资源的开发，生物质能资源和花卉研究等领域，形成了特色鲜明的技术特色和比较优势；凝聚了一批优秀的生物领域科研团队，承担了许多国家级的科研项目，取得了一大批具有重要影响的研究成果，部分成果达到国际和国内先进水平。特别是在深刻认识自然现象、揭示生命科学规律方面，取得了举世瞩目的重大创新性成果，如著名植物分类学家吴征镒院士论证了我国植物区系的三大历史来源和 15 种地理成分，提出了“东亚植物区”的概念以及被子植物起源“多系—多期—多域”的理论，主编了 200 万字的《中国植被》，荣获 2007 年度国家最高科学技术奖，这是国家最高科学技术奖首次落户云南省和西部省区。

云南省委、省政府高度重视生物产业的培育与发展，提出要举全省之力努力做大做强云南生物产业。云南省委、省政府高度重视生物产业的培育与发展。根据《云南省国民经济和社会发展第十一个五年规划纲要》，制订了《云南省生物产业发展规划纲要》，《中共云南省委、云南省人民政府关于加快发展高新技术产业的决定》、《关于加快推进生物产业发展的意见》、《关于加强滇西北生物多样性保护的若干意见》以及《云南省高新技术产业促进条例》。明确提出：紧紧抓住国家实施“生物经济强国”和西部大开发的重大机遇，围绕把我省建成绿色经济强省的战略目标，立足云南的资源优势和区位优势，充分发挥生物产业在实践科学发展观中对云南经济社会发展的突破性带动作用，实施"生物经济强省"战略，举全省之力，做大做强我省大生物产业，促进我省由生物资源大省向生物经济强省的根本性转变。2016 年又出台了《云南生物医药和大健康产业发展十三五规划》。

二、民族文化产业

1996 年，云南在全国较早提出建设民族文化大省的目标，开始探索一条走特色创新的文化发展之路。围绕这一目标，云南采取了一系列措施，使文化产业呈现出快速崛起的强劲势头，在全国引起强烈反响，被誉为文化产业发展的"云南现象"。

1. 丰富的民族文化资源储备

云南是人类的发祥地之一。其历史的久远可以追溯到 170 万年前的元谋人。始于春秋的古滇文化、魏晋的爨文化、唐宋时的南诏大理文化和元明清以来以汉文化为主体的各民族文化，构成了云南 2000 多年文明史的纵向脉络，使云南的历史文化资源雄浑而厚重。从横向来看，在全国 56 个民族中，云南共有 26 个世居民族，其中有 15 个民族为云南所独有。各民族在漫长的历史发展中形成了各具特色的民族文化及歌舞、风俗、工艺品、服饰、建筑、饮食、节祭等，构成了云南特有的人文景观，为文化事业的繁荣和文化产业的发展提供了肥沃的土壤。

具体来说，主要包括以下几个方面：民族歌舞资源、民间传说故事、民族乐器资源、民族民间工艺品资源、民族建筑文化资源和民族饮食文化资源。民族文化的多样性是云南在全球化可持续发展进程中具有突出比较优势的宝贵财富。

2. 结合实际，采取有力措施推动云南文化产业发展

云南省委、省政府高度重视文化产业发展问题，在发展文化产业过程中采取了一系列独具特色的做法，积累了宝贵的经验。一是开展一系列"走出去"的实践活动。按照"立足云南、放眼全国、走向世界"的"三步走"战略，以举办和参与大型活动的方式，把单纯的宣传云南变为整体营销云南，增强云南文化的吸引力，塑造和提升云南的整体形象。二是把文化产业的发展与旅游业的发展紧密结合起来，共同提升、协调发展。通过旅游业发展为文化产业开辟市场空间。通过文化产业发展提升旅游业的内涵及品质，形成了双赢互动的良性发展局面。三是以点带面推进全省文化体制改革。在把丽江确定为我国文化体制改革综合试点之后，又把大理州、腾冲县以及省图书馆、省杂技团、昆明市电影公司一道作为云南改革试点。2005 年，又扩大了

试点范围,昆明、红河、楚雄、曲靖、保山、迪庆 6 个州市被确立为试点地区,同时鹤庆等 10 个县市区被确定为文化特色县;巍山、建水等 15 个县市区被确定为县域文化建设试点县。通过试点,以点带面、全面推进的良好局面正在形成。四是发挥文化品牌的示范和带动作用。在重点发展主导产业的同时,充分发挥云南民族文艺资源丰富的特色和优势,逐步树立起以《云南印象》、《丽水金沙》等为代表的演艺品牌。同时充分发挥云南历史文化名镇众多的优势,以腾冲和顺历史文化名镇整体开发为龙头,带动全省村镇文化旅游发展。五是不断探索加大投融资的力度。按照"以资源吸引投资,以项目依附资本"的项目带动战略,不断加大招商引资的力度。同时,始终坚持"社会资本投入、政府引导扶持、企业经营运作"的发展思路,着力营造一个良好的政策环境、舆论环境和社会环境,使社会资本在文化产业投资领域充分涌流,并已开始在部分产业类别中充当主导力量。

3. 文化及相关产业发展较快

云南省按照"文化产业兴则文化大省立"的思想,要求各地都要把文化产业培育成云南新的经济增长点和新的支柱产业。按照"主业拉动、基地促动、项目牵动、龙头带动、文旅互动"的思路,通过"政府引导、企业投资、市场运作",积极拓展国内外两个市场,广播影视、新闻出版、音像、网络、文艺娱乐、体育、会展和乡村特色文化等主导性文化产业不断发展壮大。文化产业已经成为云南最具有发展潜力的新兴产业之一。

三、对外经济贸易

2015 年,云南省外贸全年达 245 亿美元。五年间,云南省外贸实现两跨越,继 2010 年首次突破 100 亿美元大关后迈上第二个百亿美元台阶。进出口双双突破百亿美元。

在近年来云南省外贸出口面临严峻形势的情况下,云南省为积极拓展对外经济贸易,采取了以下一系列措施:一是通过加大对云南产品出口的扶持力度和完善农品出口基地建设,进一步巩固和扩大了传统优势产品的出口,为外贸持续快速增长形成了有力支撑。二是大力发展加工贸易,将加工贸易作为转变外贸增长方式的工作重点,积极引进规模大、带动强、成效明显的加工贸易龙头企业,实现了加工贸易的新突破。三是调整商品结构不断扩大进口,充分利用云南省煤炭供应紧张、安全生产压力较大和国际煤炭市场供应充足、价格下降的有利时机,帮助企业抓住机遇、扩大进口;积极协调相关部门推动云南省成品油、水果、棕榈油、食糖等产品进口。四是调整市场结构，加大国际市场开拓力度，进一步加大对传统的东盟市场的开拓，同时与南非、秘鲁进出口均实现了数倍的增长，南非、秘鲁分别列云南省主要贸易伙伴的第5位和第7位，此外，拉美、非洲部分国家进出口额均保持稳定快速的增长，新兴市场开拓取得良好效果。

在未来，依托云南建设面向南亚东南亚辐射中心的机遇，云南的进出口额将剑指1000亿美元。这也是云南在国外需求萎缩，国内经济增长速度放缓的局面中大手笔进行外贸的转方式、调结构，着力建立出口基地培育云南制造的具体目标。未来云南将抓住机遇扩大进口，稳定传统市场的同时积极开拓新兴市场，奋力冲进全国外贸200亿美元俱乐部。

四、水电产业

云南省水能资源丰富，可开发装机容量9795万千瓦，约占全国可开发量的25%，居全国第2位，目前全省中小水电开发率超过80%。长期以来，省委、省政府高度重视水电开发利用，千方百计加快水电站建设，截至2015年底，全省水电装机累计已超过6000万千瓦，占全省电力装机总量的73%。

金沙江、澜沧江、怒江流域的水能理论蕴藏量为8549万千瓦，占全省的82.5%，适宜建设高水头的大型梯级电站。通过上下游梯级水库之间的补偿调节作用，可以大大提高下游电站的保证出力。在经部、省联合审查通过的规划报告中，澜沧江按功果桥、小湾、漫湾、大朝山、糯扎渡、景洪、橄榄坝和南阿河口8级方案开发，总装机容量为1431万kW，年发电量721.76亿kW·h。小湾电站151亿m^3的水库建成后，可以对下游电站进行多年调节，所增加的发电能力相当于新建一座百万kW以上大电站，可见流域性开发所带来的发电效益是非常可观的；金沙江流域的水电资源开发空间更大，其干流石鼓（虎跳峡）至宜宾段，规划按上虎跳峡、两家人、梨园、阿海、金安桥、龙开口、鲁地拉、观音岩、乌东德、白鹤滩、溪洛渡、向家坝12级开发，全部梯级电站总库容810多亿m^3，可调库容360多亿m^3，装机容量4789万kW，保证出力2113.5万kW，年发电量为2610.8亿kW·h。

随着景洪、小湾、阿海、金安桥、溪洛渡等大中型水电站相继投产发电，向家坝、功果桥、糯扎渡等一批大中型水电站先后获得国家核准并开工建设或即将投产，全省水电开发进入了一个加快发展时期。2012年3月，金安桥水电站首台机组投产发电，标志着金沙江中游水电开发实现了零的突破。随着水电产业的发展壮大，为促进节能减排、发展低碳经济，加快培育壮大以水电为主的电力支柱产业，对带动全省经济社会又好又快发展将发挥重要作用。

五、旅游产业

随着我国社会经济发展的进一步加快，对外开放和参与国际市场竞争力度的加强，尤其是国家新一轮西部大开发战略的实施、旅游战略性支柱产业地位的确立和云南旅游综合改革试点省的深入推进，使云南旅游的发展面临前所未有的机遇。

1. 新一轮西部大开发战略的实施带来了更为有利的宏观环境

在西部大开发战略实施 10 周年之际，党中央、国务院召开西部大开发工作会议，制定下发了《关于深入实施西部大开发战略的若干意见》（简称《意见》），对深入实施西部大开发战略做出了全面部署。《意见》明确提出要依托西部丰富的资源优势，加快旅游基础设施建设、创新产业新业态、新产品，全面提升旅游业服务能力、产业化、规模化水平。通过发展旅游业，带动服务业发展，加快现代产业体系建设，促进就业和居民增收，推动区域经济的发展。

大力发展旅游产业成为了深入推进西部大开发的一项重要任务，加快西部包括旅游在内的特色优势产业发展提升到更加突出重要的位置。中央继续深入实施西部大开发战略，在政策支持、产业发展、环境保护、资金投入、项目建设等方面对西部发展旅游业的支持力度将进一步加大，为云南旅游产业发展提供了更为有利的宏观环境。

2. 国民经济战略性支柱产业地位的确立为云南旅游产业发展指明了前进方向

云南省委九届八次全会上提出把"大旅游"作为五个万亿元大产业之一。这是一个高瞻远瞩的重大决策，它既立足于本省最丰富、最具特色的旅游资源，又充分考虑了云南省地处东亚旅游大市场西部的区位优势。这种区位优势，不仅为云南省发展旅游业提供了大量的、稳定的客源市场，而且为云南省加入国际旅游大市场创造了十分有利的条件。

3. "一带一路"建设为云南旅游产业发展提供了广阔空间

云南省地处我国连接东南亚旅游大市场的西部边缘，东南亚国家既是云南旅游业的竞争对象，又是云南发展旅游业最大的潜在市场，可以为我们提供稳定的、大量的客源，近年来，随着云南与东南亚、南亚地区经济贸易合作的加强，双方在各方面的交流日益扩大，加之交通条件的改善，更为发展国际旅游业创造了良好的条件。特别是随着东南亚经济的繁荣和世界旅游重心向东方的转移，作为中国面向东南亚门户的云南具有十分优越的条件和良好的基础。首先，云南与东南亚国家"山脉同缘、江河同源"，有着地缘、亲缘、人缘、史缘、文缘等密切关系，这是云南开拓东南亚旅游市场无与伦比的最大优势。其次，丰富多彩、特色突出、与东南亚各国互补性强的旅游资源是云南拓展东南亚旅游市场的又一独特优势。再次，云南旅游产业规模的形成为拓展东南亚旅游市场提供了物质基础。

旅游业是国际公认的贸易壁垒最少行业，具有国际性和外向性较高、市场化和关联度较强的特点，在云南全面推动"一带一路"建设中将能够依托于云南连接东南亚、南亚和我国内陆腹地三大市场的区位优势，充分发挥排头兵、推进器和先导产业的作用，面向国际国内"两大市场"，利用国际国内"两种资源"，全面推进与国际市场接轨进程，率先加快发展，赢得更加广阔的发展空间。

4. 全省旅游产业综合改革的深入推进为云南旅游产业发展注入了强大动力

2009 年 4 月，国家发展和改革委员会正式批准了《云南省旅游产业发展和改革规划纲要》（以下简称《规划纲要》）并将云南省作为推进改革试验工作联系点。为更好地推动这项工作，国家旅游局与云南省人民政府签订了《关于推进云南旅游产业改革发展试点省建设合作协议》，决定把云南省作为全国旅游产业改革发展的试点省份。2010 年 7 月，省政府与国土资源部签订了《关于探索建立国土资源管理新机制促进云南省旅游产业改革发展合作协议》，确定共同探索建立旅游土地利用新机制和新方式，积极促进云南旅游产业改革发展工作。2011 年国务院文件下发后仅一个月，国家旅游局即与云南省政府举行工作会商，签署了《关于建设面向西南开放重要桥头堡共同推进云南旅游产业跨越式发展会谈纪要》，进一步深化了省局之间旅游合作的内涵。

纪要签署以来，国家旅游局大力支持昆明、大理、丽江、西双版纳、香格里拉及腾冲等重点旅游地区发展，同时积极推动临沧、普洱、德宏、红河、文山等边疆民族地区旅游业跨越式发展。积极协调国土资源部等部门，推动云南省在旅游用地改革方面先行先试。通过旅游发展基金，2010 年支持云南13 个旅游重点项目建设，2011 年支持 11 个旅游重点项目建设。确定丽江市为全国旅游标准化示范城市，确定了一批全国旅游标准化示范单位。支持云南省组建中国旅游研究院昆明分院，推动云南旅游学校升格为云南旅游职业学院，设立中国东盟旅游人才教育培训基地。

《规划纲要》批准实施和更加紧密部省合作机制的建立，标志着云南旅游产业综合改革已进入国家发展战略层面，并将得到国家有关部委的大力指导、支持和帮助，为积极争取国家政策支持，全面推动旅游管理体制创新，切实解决当前加快发展迫切需要克服的问题和矛盾，加快推进云南旅游产业发展注入了强大动力。

第二节　特色突出

一、云烟产业

云南烤烟种植面积和产量居全国第一，约占全国的 30% 以上。"两烟"实现的利税是云南财政收入的重要来源。"云烟"是我省著名的卷烟名牌，自 1958 年创立品牌至 2008 年的 50 年间，累计销量超过 850 万箱，创税利近 900 亿元，是云南为国家创税利最多的优势大品牌之一，品牌价值超过 300 亿元，体现了规模与效益相互统一、产品与品牌相互促进的发展效果。红云红河集团成功实现重组整合后，更加积极主动地探索充分发挥重组后的资源优势、做大做强品牌的有效途径。2015 年云南省烟草产业工业产值突破 1000 亿元，工商利税突破 1000 亿元，产销规模突破 1000 万箱，原料收购突破 2000 万担，提前一年实现省委、省政府确定的"1112"发展目标，为全省各项经济指标的完成、农民增收、农业发展条件的改善和推动"卷烟上水平"作出了突出贡献。

云南烟草产业

二、云糖产业

我省是全国第二大产糖省，我省食糖产量占了全国食糖总产量的近 20%。蔗糖产业是我省的一大特色优势产业。全省 16 个州市中 11 个州市产糖，云南糖业涉及全省 600

万蔗农的增收致富。2010 年农业部确定在全国甘蔗和甜菜主产区的 8 个省（区）首批启动创建 50 个万亩高产示范片，其中我省盈江、陇川、龙陵、永德、耿马、双江、勐海、澜沧、孟连、元江、弥勒、红河 12 个县列为首批国家甘蔗高产示范片创建县。经过不懈努力，2010 年糖产业首次登上新台阶，创造出百亿产值大糖业，并且创出了多项全省纪录。

——全省平均混合产糖率 12.98%，列全国产糖省区第一名。

——全省甘蔗平均含糖分 14.95%，平均混合产糖率 12.98%，分别创全省制糖业历史最好水平。

——与上榨季相比，全省制糖行业在大灾之年实现了企业增效 12.4 亿元、国家增税（不含所得税）2.25 亿元。

——全省制糖行业实现工农业销售收入 116.42 亿元（其中：制糖工业销售收入 78.86 亿元，蔗农销售甘蔗收入 37.56 亿元），比上榨季增 6 亿元。

——全省制糖工业实现利润 16.15 亿元，比上榨季增加 12.41 亿元。

——全省产糖 177.16 万吨，产酒精 11.43 万吨，截至 10 月 20 日，制糖工业累计销售食糖 168 万吨，销糖率 94.8%，工业库存食糖 9.2 万吨，累计销售酒精 10.8 万吨，销酒率 94.48%，工业库存酒精 0.63 万吨。

三、云茶产业

2015 年全省茶园面积 637 万亩，茶叶产量 36.58 万吨，茶叶综合产值 623 亿元，茶农来自茶产业人均收入达 2614 元。同时，茶产业为社会提供就业岗位 50 余万个（含茶企、经销商户、茶馆等雇佣员工），为促进农业发展、农民增收作出努力。

——基地建设稳步推进。以农业部 2013 年标准茶园创建（12 个县），中低产茶园改造、生态茶园及省优势农产品基地（优质示范茶园建设）等项目实施带动，完成茶叶技术推广示范面积 10 万亩，中低改茶园 48.7 万亩，绿色防控 25 万亩，全省无性系茶园面积 223 万亩，无公害茶园面积 500 余万亩，有机茶园面积达 38.08 万亩，通过"三品一标"认证面积达 180 万亩，经中国茶产业流通协会 2015 年评选，云南有 18 个县入围全国重点产茶县百强。

——加工水平明显提高。成品茶产量达 28 万吨，茶产品加工精制率达 75%。产值超亿元企业数量达 30 家，产值超过 60 亿元。

——产品结构不断优化。云南以普洱茶、红茶为特色茶品的主导地位进一步显现。普洱茶、红茶两大茶类产量占全省成品茶总产量的 70%，云南古树茶，因其资源稀缺性、生态有机及风味独特深受茶叶爱好者的追捧，如西双版纳老班章茶年销售收入超过 2 亿元，双江勐库冰岛春茶单价达近万元，以天士力、贡润祥茶企为代表生产的茶粉、茶膏、茶饮料及化妆品等高科技高附加值茶产品有新进展，进一步优化了茶产品结构。

四、云胶产业

云南是我国少数几个适宜种植橡胶的省区之一，也是我国引种橡胶最早的地区。云南适宜植胶区雨水丰沛，光能充足，土层深厚肥沃，日温差大，干湿季明显，且无台风侵袭，具有发展天然橡胶产业的独特优势，是我国唯一的大面积平均亩产达 100 千克以上的天然橡胶生产基地。2015 年橡胶种植面积 856 万亩、干胶产量近 50 万吨，居全国第一位。

云南橡胶产业

五、云花产业

2015 年，全省花卉种植面积达 112.7 万亩，鲜切花总产量达 87 亿支，总产值 399.5 亿元，从业人员超过 80 余万人。云南鲜切花产量、花卉业产值、花卉新品种研发等均为全国第一。

科技创新使云南花卉产业发生了质变。近年来，在大力发展花卉种植业的同时，云南不断加大花卉科研投入，花卉创新、研发新品种成效显著。2004 年，云南省杨月季花卉园艺有限公司培育的新品种"冰清"月季获得植物新品种授权。目前，云南省自主培育的玫瑰、康乃馨、非洲菊、含笑、杜鹃等花卉新品种超过 50 个，占全国选育品种数的 85%，自主培育 3476 个花卉新品种。云南已成为名副其实的"中国花卉创造"基地。具有自主知识产权的玫瑰新品种"中国红"成为北京奥运会和残奥会颁奖用花后，自主知识产权的"阿诗玛"花卉系列飘香上海世博会，再次向世界展示了云南花卉的魅力。

云南还形成了以昆明、玉溪为中心的全国重要的种苗生产基地，越来越多的省内外客商选择从云南购买种苗和种球。非洲菊、月季、康乃馨等种苗占领了国内 60% 以上的市场份额。在百合杂交技术、百合杂交种子出苗率、种球采后处理技术等方面取得的成果均处于国内领先水平。

六、矿产业

云南矿产业也在全国占有一定地位。目前，全省已发现矿产 142 种，探明矿产储量的有 87 种，矿产地 1495 处，矿区 1162 处，其中大型及超大型 113 处，中型 257 处。有 22 种矿产的保有储量居全国前三位，其中排列第一位的有铅、锌、锗、铟、铊、镉、磷、蓝石棉 8 种，第二位的有锡、铂、银、钾盐、砷、硅灰石、水泥配料用砂岩、硅藻土 8 种，第三位的有铜、镍、钴、锑、化肥用蛇纹岩、盐矿 6 种。已开采利用的有 62 种，占 74.70%。形成规模开发利用的矿种有铜、铅、锌、锡、锑、钨、金、煤、铁、锰、磷、岩盐、石膏、石灰岩、白云岩、硅石、粘土、大理石等。全省煤炭资源总储量达 697 亿吨，已探明保有储量为 241 亿吨，是全国探明储量在 150 亿吨以上的 12 个省区之一，列全国第八位，是我国南方的重要煤炭基地。在南方省区中仅次于贵州省居第二位。全省 129 个县、市、区中，110 个县、市境内皆有煤层赋存。在已探明资源储量的矿区中，高品位矿比例较大，多数具有较好的开采条件，开发价值高。多数大、中型矿床中，常共、伴生两种以上具独立工业价值的矿产。截至 2008 年年底，云南矿产资源潜在价值达 9.4 万亿元，全省直接和间接从业人员达 100 万人，实现年产值超过 2000 亿元，占近全省工业总产值的半壁江山。

七、电力业

云南是水电资源大省，金沙江、澜沧江、怒江三大流域干流可开发装机容量达 8254 万千瓦，年发电量 4031 亿千瓦时，拥有 25 万千瓦以上的可开发大型水电站站点 35 处，澜沧江流域上相继建成漫湾、小湾、景洪、糯扎渡等一批百万千瓦级大型电站。在金沙江流域，装机 1260 万千瓦的溪洛渡电站和装机 600 万千瓦的向家坝电站全面建成投产，由于水电大规模集中投产，2015 年，云南发电总装机规模达到 7746 万千瓦，其中水电超过 6000 万千瓦，水电所占比例将超过 73%，云南的电源建设将真正进入"绿色水电时代"，云南将成为国家西电东送清洁能源基地、新能源示范基地。

此外，云南风电、太阳能等新能源资源丰富。据云南省发改委统计数据显示：云南太阳能年均总辐射量大于 5500 兆焦，总资源量相当于 731 亿吨标准煤；云南风电能源总储量有 1.2 亿千瓦，经济开发量 3300 万千瓦左右，而当前云南已开发的风电装机约占可开发总规模的 16%，云南还有 80% 的风电资源可开发利用。

八、旅游产业

近年来，全省旅游行业紧紧围绕旅游产业发展大会确定的工作思路和工作重点，继续推进旅游"二次创业"，进一步深化旅游产业综合改革，大力推进旅游产品建设，不断加大市场整治力度，云南省旅游消费持续活跃，旅游市场不断扩大，为省委、省政府实现冲万亿目标发挥了积极作用。

云南丽江老君山

2015 年云南共接待海外旅游者 1075.3 万人次，接待国内旅游者 3.23 亿人次。云南省全年旅游业总收入达 3281.8 亿元，占 GDP 的比重约为 6.5%。2015 年旅游增加值 907 亿，占全省 GDP6.6% 左右。

值得一提的是，近年来，云南省海外游市场在日韩、欧美等发达国家经济不景气的条件下，依然保持了持续上扬的发展态势。其中，亚洲客源保持了两位数的增长速度。欧洲、美洲、大洋洲市场发展迅速，入滇游客分别达到 83.1 万人次、27.8 万人次和 11.2 万人次。丽江、昆明、迪庆位居全省海外游客接待量的前三位，分别累计接待海外游客 114.54 万人次、114.09 万人次、99.89 万人次，分别占全省海外旅游者总数的 20.1%、20.0%、17.5%。

九、文化产业

2015 年全省文化产业增加值达到 425 亿元，占全省 GDP 的 3.1%。近年来，云南省委、省政府高度重视文化产业发展，深入实施大项目拉动、大集团牵动、大园区带动、大品牌驱动、大开放促动战略，加快培育新闻出版、影视动漫、民族演艺、文化旅游、休闲娱乐、工艺美术、珠宝玉石、节庆会展、茶文化、体育十大主导产业，探索出了一条边疆民族地区文化产业发展的新路子，被称为文化产业发展的"云南模式"、"云南现象"和"云南经验"。

第三节 优势明显

一、区位优势

云南省地处我国西南边疆，国土面积 39.4 万平方千米，国境线长达 4060 千米，东南与越南北部的河江、老街、莱州 3 省接壤，南部与老挝北部的丰沙里、南塔、乌多姆赛 3 省接壤，西南与缅甸北部的克钦、掸邦毗邻并与泰国、柬埔寨、马来西亚、新加坡、印度尼西亚、菲律宾、文莱等东南亚国家和印度、孟加拉、巴基斯坦、斯里兰卡等南亚国家近邻。自古以来，云南与这些国家交往密切，经济、文化交流频繁，约在公元前 4 世纪就开辟了由四川经云南至印度的"西南丝绸之路"。国内与四川、贵州、广西、西藏等省、自治区相邻。云南通过澜沧江—湄公河与缅甸、老挝、泰国、柬埔寨和越南相连，并与马来西亚、新加坡等国接近。

中国云南河口口岸

云南，既是中国连接东南亚最便捷的陆上通道，又是澜沧江—湄公河次区域经济合作的中心，以其独特的区位优势扮演着中国与东盟各国之间开展经贸合作的重要角色。历史上著名的"史迪威公路"和"驼峰航线"就经过云南境内。云南是中国通往东南亚、南亚的窗口和门户，地处中国与东南亚、南亚三大区域的结合部。拥有国家一类口岸 16 个、二类口岸 7 个。近年来，云南在建设中国—东盟自由贸易区和加快建设面向南亚东南亚辐射中心的新形势下，云南公路、铁路、航空和水运网络日趋完善，初步形成通往东南亚、南亚国家的 3 条便捷的国际大通道：一是西路通道，沿滇缅（昆畹）公路、中印（史迪威）公路和昆明至大理的铁路西进，有多个出境口岸，可分别到达缅甸密支那、八莫、腊戍等地，并直达仰光；还可经密支那到印度雷多，与印度铁路网连接后通往孟加拉国的达卡、吉大港和印度的加尔各答港。二是中路通道，由澜沧江—湄公河航运、昆明至打洛公路、昆明至曼谷公路和西双版纳机场构成，通往缅甸、老挝、泰国并延伸至马来西亚和新加坡。2008 年 3 月 21 日，昆明至曼谷国际大通道中国路段全线贯通。三是东路通道，以现有滇越铁路、昆河公路及待开发的红河水运为基础，通往越南河内、海防及其南部各地。2009 年 11 月 1 日，中越双方联合设计建造的中越红河公路大桥正式通车。红河公路大桥将与中越铁路大桥、南溪河公路大桥一起构成连接中越两国交通网络的重要枢纽。

二、稳定优势

云南省在我国民族工作大局中具有重要的地位，少数民族人口占全国的近1/7。中华人民共和国成立以来，中国边疆民族地区在团结稳定和谐发展方面取得了举世公认的巨大成就，这是一个客观事实。但是各民族地区的情况又很不平衡，一些民族地区在发展的同时长期存在某些热点问题、难点问题和不稳定因素，党和政府以及许多学者对此都十分关注。相比之下，作为民族最多的省份云南，不仅有效地化解了历史遗留下来的矛盾纠纷，而且长期以来呈现出团结稳定和谐发展的安定局面，特别是近年来，全省没有发生一起因民族问题引发、影响全局的重大矛盾纠纷，各民族的凝聚力和向心力不断增强，平等、团结、互助、和谐的社会主义民族关系不断巩固，成为全国热点、难点问题和不稳定因素最少的民族地区之一，从而使社会稳定成为云南的一个明显优势。

三、资源优势

1. 广袤的国土资源

全省国土总面积 39.4 万平方千米，占全国陆地面积的 4.1%，居各省区的第 8 位。全境东西最大的横距 864.9 千米，南北最大纵距 990 千米。全省山地面积占总面积的 84%，高原丘陵占 10%，山区面积占了全省总面积的 94%。2008 年末全省耕地总资源 607.78 万公顷，常用耕地面积 418.55 万公顷，牧草地面积 78.23 万公顷。

2. 得天独厚的气候环境

云南气候兼具低纬气候、季风气候、山原气候的特点。区域差异和垂直变化明显，年温差小，日温差大，降水充沛，干湿分明，分布不均。气候带包罗了从热带到亚热带、温带和寒温带、高山苔原和雪山冰膜等多种；热量状况相当于从海南岛到东北；水分差异相当于从东南沿海到甘肃、内蒙古一带。在同一地区范围内，由于海拔高低悬殊，气候垂直变化大，一般高度每上升 100 米，温度平均递减 0.6℃ ~0.7℃，素有"十里不同天，一山分四季"之说。全省有热区 8.11 万平方千米，是全球同纬度内陆仅存的尚未荒漠化的一片宝地，约占全省国土面积的 21%，占全国热区面积的 16.8%。全省热区包括具有北热带和南亚热带两种气候类型，可利用面积 1333 平方千米，占全省热区面积的 16%，是不可多得的生产热带作物的宝地。

3. 蕴藏丰富的水资源

云南是水资源较丰富的省区之一，总量为 2256 亿立方米，占全国的 8.4%，仅次于西藏、四川，居全国第三位。全省有大小河流 600 多条，主要河流有 180 多条。出境河流有伊洛瓦底江、怒江、澜沧江、红河；内河有金沙江、南盘江，分别是长江、珠江的上游。全省高原湖泊星罗棋布，著名的有滇池、洱海、抚仙湖、星云湖、阳宗海、泸沽湖、异龙湖、程海、杞麓湖、清水海、大屯海等，是西南四省区中淡水湖泊最多的省，总面积 1100 平方千米，占全省总面积的 0.28%，总蓄水量 300 亿立方米。水能资源蕴藏量 10 364 万千瓦，占全国总蕴藏量的 15.3%，仅次于西藏、四川，居全国第三位。这些资源的 82.5% 蕴藏在金沙江、澜沧江和怒江 3 大水系。可开发的装机容量 900 多万千瓦，年发电量为 3944.5 亿千瓦·时，占全国可开发装机容量的 20.5%，居全国第二位。

4. 生物资源的多样性

云南多样性的气候环境营造了一个多样性的生物世界，是中外闻名的"植物王国""动物王国""香料王国""药物宝库""天然花园"。集中了热带、亚热带、温带甚至寒带的植物品种，古老的、衍生的甚至外来的植物种类和种群在云南都能找到，是全国植物种类最多的省区。全国 3 万多种高等植物，云南就有 1.7 万多种，占全国的 62.9%，仅热区高等植物就有上万种，其中西双版纳有 5000 多种。药用资源有 6000 多种，居全国首位，其中植物药 4758 种、动物药 260 种、矿物药 32 种、云南民族药 1250 种，居全国之首。热区蕴藏极其丰富的云南特有的南药资源三七、砂仁的产量居全国之首。香料植物约有 400 多种，居全国首位，这些香料植物中辛香调味品齐全，香花类资源众多，其中很多可提炼香精。观赏植物有 2100 多种，花卉植物 1500 种以上。全省森林面积 1560 多万公顷，居全国第三位。森林覆盖率接近 50%，比全国高出一倍多，活立木总蓄积量 15.48 亿立方米，占全国活立木总蓄积量的 11.4%。云南仅脊椎动物就有 1737 种，占全国的 58.9%，占全国一半以上的脊椎动物有兽类和鸟类，分别占 51.1% 和 63.7%。许多野生动物为云南所特有，仅鱼类特有的就有 5 科 40 属 249 种。滇金丝猴、蜂猴、长臂猿、野牛、野象、印支虎等国家一级保护动物 46 种，绿孔雀、灰叶猴、猕猴、熊猴、小熊猫等国家二级保护动物 154 种，还有许多小型珍稀种类。

5. 蕴藏丰富的矿产

云南地质现象种类繁多，成矿条件优越，矿产资源极为丰富，尤以有色金属及磷矿著称，是闻名遐迩的"有色金属王国"。此外，化工、能源、黑色金属和建材非金属矿产在全国也占有重要地位，贵金属矿产资源潜力巨大。云南已发现矿产 142 种，占全国 168 种的 84.5%，探明储量的 92 种，矿产地 1274 处。其中有 54 种矿产的保有储量居全国前十位，居前三位的就有 25 种。铅、锌、锡居第一位，铜、镍居第三位，锗居第四位，铝土矿居第七位，钨居第八位。黑色金属云南有铁、锰、钛、铬、钒 5 种。铁矿保有储量居全国第六位，富铁矿储量 3.2 亿吨，占全国总量的 24.7%，居首位；锰矿保有储量居全国第六位，富矿占全国总量的 52.6%，居首位；钛砂矿保有储量居全国第四位。贵金属的铟、铊、镉保有储量居全国第一位，铂、钯、锇、铱、钌、铑居全国第二位，银居全国第二位，金矿居全国第十六位。云南的能源矿产有煤炭、铀矿等资源，储量也较丰富，煤炭保有储量居全国第九位。化工原料矿产中，磷、盐、芒硝、砷、钾盐、硫铁矿、电石用灰岩、化肥用蛇纹岩等 8 种储量居全国前十位，其中磷矿、钾盐储量居全国第四位，盐居全国第三位，硫铁矿居全国第五位。建材非金属矿产已探明 25 种，产地 145 处，其中蓝石棉、云母、石墨、硅藻土、泥灰岩、压电水晶、熔炼水晶、玻璃用砂岩、水泥用页岩、玄武岩、凝灰岩等均居全国前十位。全省资源富裕度比全国平均值高一倍。在诸多矿产中，共生、伴生矿产品较多，经济价值很高。矿产在全省分布 108 个县（市），煤炭分布 116 个县（市）。

6. 多姿多彩的风景名胜

云南以独特的高原风光、热带、亚热带的边疆风物和多姿多彩的民族风情闻名于海内外。旅游资源十分丰富，国家级和省级风景名胜区就有 200 多个，国家级 A 级以上景区 134 个；国家级历史文化名城 5 座，重点保护文物单位 187 处，其中世界历史文化遗产 2 处，世界自然遗产 3 处；森林公园 22 处。国家级旅游线路有 11 条。初步形成了一批以高原湖泊、高山峡谷、现代冰川、石林、喀斯特洞穴、火山热地、原始森林、花卉、文物古迹、传统园林及少数民族风情为特色的旅游区。

7. 独具优势的特色产业

云南从省情出发，经过多年的精心打造，形成了一批独具优势的特色产业，成为云南经济发展的重要支柱。烟草产业是云南最大的支柱产业。烤烟种植面积位居全国第一；卷烟产量居全国第一位。糖产业和茶产业是云南传统的骨干产业。云南蔗糖品质好，种植面积大，产量位居全国第二位。云南是世界茶树的原产地，种植和利用茶叶的历史有 1700 多年。现有茶叶种植面积已超过 30 万公顷，位居全国之首，产量居全国第二位。云南橡胶种植业已有相当规模，已建成仅次于海南的天然橡胶生产基地，橡胶单位面积量居全国之冠，达到世界先进水平。花卉产业是云南的新兴产业，花卉品种十分丰富，有野生花卉约 2500 多种。20 世纪 90 年代开始，云南花卉特别是鲜切花生产发展迅猛，形成了以温带鲜切花为主体，热带花卉、球根类花卉、盆花和观赏园艺植物为主的产品格局。目前鲜切花产量居全国第一位，出口量占全国的 50%，成为亚洲最大的鲜切花出口基地。以磷化工和有色金属为主的矿产业以及以水能为主的电力业在全国都有一定地位；旅游业、文化产业、生物资源开发是云南着力培育的一批新兴支柱产业。

第四节　前景广阔

随着西部大开发战略的深入实施，"一带一路"战略的启动，面向南亚东南亚辐射中心建设加快推进，云南在中国向西开放中的战略地位更加凸显，一方面云南独特的区位优势、资源优势、政策优势、生态优势将很快转化为后发优势，另一方面，云南背靠西南稳定繁荣发展腹地，面向的是前景广阔潜力巨大的东南亚、南亚和印度洋周边国家的大市场，加快建设我国面向南亚东南亚辐射中心，这是云南未来发展重心所在，也是各方事业投资发展的巨大机会。

一是城镇化发展的机遇。云南实施人居环境提升行动，加大城乡基础设施建设和城乡混合综合整治，确保未来五年在全省建成一百个以上的综合度高、带动性强、影响力大的城市综合体，建成 210 多个省一级的特色小镇，发展一批各具特色的美丽乡村风景线，着力打造七彩云南，生态宜居幸福家园。

二是交通基础设施建设的机遇。未来云南高速公路通车里程将新增加 1500 千米以上，铁路建设运营里程新增加 1400 千米，将实施一批高速公路、城市轨道交通，省级干线铁路、城际铁路和铁路客运专线等项目。

三是特色优势产业的发展机遇。云南明确了生物医药和大健康、旅游文化、信息、现代物流、高原特色现代农业、新材料、先进装备制造和食品与消费品制造等 8 个重点产业，产业发展呈现良好前景。

四是滇中新区发展机遇。2015 年国务院正式批复同意设立滇中新区，为云南加快集聚发展，打造增长极带来了重大机遇。

五是沿边开放环境机遇。云南与缅甸、越南、老挝 3 国接壤，地处沿边开放开发的最前沿，以边境经济开发区为依托，推进开发开放试验区、跨境经济合作区的建设，努力建设面向东南亚区域型加工区项目基地和物流中心。

六是昆明区域性国际金融中心建设机遇。着力把昆明打造成为区域性的国际跨境人民币金融服务中心，区域性人民币投融资结算中心，区域性国际货币交易中心，区域性国际票据交易中心。

我们要把云南发展放到全国和全球总体格局中定位，放在国家对西部大开发的总体部署中谋划，以国际视野、科学精神、战略思维认识云南、建设云南、发展云南，只有解放思想、勇于担当，乘势而上、强势突破，才能谱写云南科学发展、和谐发展、跨越发展的雄浑乐章。

第五章 数字省情——四个方面

第一节 疆域与区划

一、疆 域

云南地处中国西南部，位于东经 97°31′~106°11′和北纬 21°8′~29°15′之间，全境东西最大横距 864.9 千米，南北最大纵距 990 千米，总面积 39.4 万平方千米，约占全国土地面积的 4.1%，居全国第 8 位。东部与贵州省、广西壮族自治区为邻，北部与四川省相连，西北隅紧倚西藏自治区。

云南的南面、西面与越南、老挝、缅甸接壤，国境线总长 4060 千米，其中中越边境线 1353 千米，中老边境线 710 千米，中缅边境线 1997 千米，是我国陆地边境线最长、毗邻国家最多的省区之一，具有连接东南亚、南亚的独特区位优势。云南现有一类口岸 16 个、二类口岸 7 个、100 多

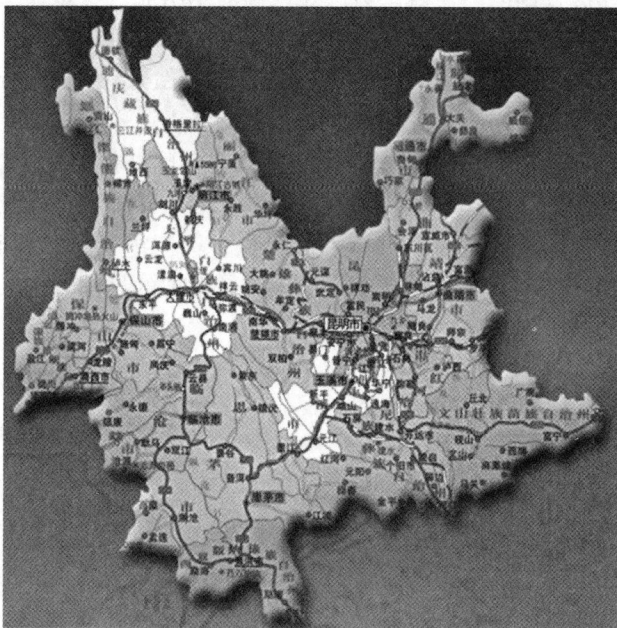

云南行政区划图

条边境通道和 110 多个边民互市点。

二、区　划

云南省现辖 16 个州、市和 129 个县、市、区。16 个州、市中有 8 个地级市、8 个民族自治州，即昆明市、昭通市、曲靖市、丽江市、普洱市、玉溪市、保山市、临沧市和文山壮族苗族自治州、红河哈尼族彝族自治州、德宏傣族景颇族自治州、大理白族自治州、楚雄彝族自治州、怒江傈僳族自治州、西双版纳傣族自治州、迪庆藏族自治州。

县级行政区域包括 13 个市辖区、14 个县级市、73 个县、29 个民族自治县。各州市分别下辖的县、区、市数量为：昆明市 14 个，曲靖市 9 个，玉溪市 9 个，保山市 5 个，昭通市 11 个，丽江市 5 个，普洱市 10 个，临沧市 8 个，楚雄州 10 个，红河州 13 个，文山州 8 个，西双版纳州 3 个，大理州 12 个，德宏州 5 个，怒江州 4 个，迪庆州 3 个。全省现有 1392 个乡镇（街道办事处），其中街道办事处 162 个，镇 668 个，乡 562 个。

第二节　人口与民族

一、人　口

2015 年末，云南省总人口达到 4741.80 万人，居全国第 12 位。

人口分布：由于受自然条件、经济水平以及社会发展、历史因素等影响与制约，云南各地人口分布差异明显，东部地区人口的数量、群体规模、密度远远超过西部地区。昆明、昭通、曲靖、玉溪、文山、红河等东部地区土地面积为 18.4 万平方千米，占全省总面积的 46.7%；人口约占全省总人口的 67% 左右。普洱、西双版纳、大理、保山、德宏、临沧、丽江、怒江、迪庆等西部地区土地面积为 21 万平方千米，占全省总面积的 53.3%；人口约占全省总人口的 33% 左右。在不到全省面积一半的东部地区居住着全省约 2/3 的人口。

各县市区的人口密度和数量差异也较大。从各县市区的人口规模看，全省超过 50 万人的县市区有 22 个，其中 19 个在东部地区，仅有的 2 个 100 万以上的县市也在东部地区。在 30 ~ 50 万人的 42 个县市区中，有 24 个在东部，而在 30 万人以下的 65 个县市区中，有 34 个在西部。东部地区每县市区人口平均为 42.54 万人，而西部地区每县市区人口平均只有 28.97 万人。

人口结构：

性别结构——2015 年末，在全省总人口中，男性为 2461.0 万人，占 51.9%，女性为 2280.8 万人，占 48.1%，总人口性别比（以女性人口为 100 计算）为 107.9。

城乡结构——2015 年末，在全省总人口中，城镇常住人口达到 2054.6 万人，占 43.3%，乡村人口为 2687.2 万人，占 56.67%，距全省 2020 年城镇常住人口达到 50% 的目标还有较大差距。

二、民　族

云南是我国少数民族种类最多的省份，全国 56 个民族在云南都有分布，除汉族外，人口在 6000 人以上的世居少数民族有 25 个。

2015 年末，全省少数民族人口数达 1596.8 万人，占全省人口总数的 33.6%，其中人口数超过 100 万人的有彝族、白族、哈尼族、傣族、壮族、苗族 6 个民族，人口数超过 1000 人不到 1 万人的有独龙族、仡佬族、土家族、侗族等。

云南还是跨境而居少数民族最多的省份。在 25 个世居少数民族中，与境外居民同属一个民族的有 16 个，即彝族、哈尼族、傣族、壮族、苗族、傈僳族、拉祜族、佤族、瑶族、景颇族、布朗族、布依族、阿昌族、怒族、德昂族、独龙族。

云南省人口较少民族有：独龙族、怒族、普米族、布朗族、基诺族、德昂族、阿昌族、景颇族。

云南特有 15 个少数民族分别是：白族、哈尼族、傣族、傈僳族、拉祜族、佤族、纳西族、景颇族、布朗族、阿昌族、普米族、怒族、基诺族、德昂族、独龙族。

根据多民族大杂居、小聚居的人口分布特点，云南设有 8 个民族自治州、29 个民族自治县。

云南省民族自治地方一览表

自治类别	名　　称	成立时间
自治州	西双版纳傣族自治州	1953.01.24
	德宏傣族景颇族自治州	1953.07.24
	怒江傈僳族自治州	1954.08.23
	大理白族自治州	1956.11.22
	迪庆藏族自治州	1957.09.13
	红河哈尼族彝族自治州	1957.11.18
	文山壮族苗族自治州	1958.04.01
	楚雄彝族自治州	1958.04.15
自治县	峨山彝族自治县	1951.05.12
	澜沧拉祜族自治县	1953.04.07
	江城哈尼族彝族自治县	1954.05.18
	孟连傣族拉祜族佤族自治县	1954.06.16
	耿马傣族佤族自治县	1955.10.16
	宁蒗彝族自治县	1956.09.20
	贡山独龙族怒族自治县	1956.10.01
	巍山彝族回族自治县	1956.11.09
	路南彝族自治县（今石林彝族自治县）	1956.12.31
	屏边苗族自治县	1963.07.01
	河口瑶族自治县	1963.07.11
	沧源佤族自治县	1964.02.28
	西盟佤族自治县	1965.03.05
	南涧彝族自治县	1965.11.27

续表

自治类别	名　　称	成立时间
自治县	墨江哈尼族自治县	1979. 11. 28
	寻甸回族彝族自治县	1979. 12. 20
	元江哈尼族彝族傣族自治县	1980. 11. 22
	新平彝族傣族自治县	1980. 11. 25
	维西傈僳族自治县	1985. 10. 13
	漾濞彝族自治县	1985. 11. 01
	禄劝彝族苗族自治县	1985. 11. 25
	金平苗族瑶族傣族自治县	1985. 12. 07
	普洱哈尼族彝族自治县（今宁洱哈尼族彝族自治县）	1985. 12. 15
	景东彝族自治县	1985. 12. 20
	景谷傣族彝族自治县	1985. 12. 25
	双江拉祜族佤族布朗族傣族自治县	1985. 12. 30
	兰坪白族普米族自治县	1988. 05. 25
	镇沅彝族哈尼族拉祜族自治县	1990. 05. 15
	玉龙纳西族自治县	2002. 12. 26

云南各族人民在长期的生产生活实践中创造了璀璨的民族文化，民族风俗、民族风情异彩纷呈，堪称民族文化资源的宝库。云南民族文化具有以下特色：一是民族文化丰富多彩。民族文化内容丰富、形式多样，如傣族的孔雀舞、苗族的芦笙舞、佤族的竹竿舞等都是群众耳熟能详的民族文化。二是文化往往与宗教活动交织在一起。民族地区佛教、道教、伊斯兰教、天主教、基督教五大宗教齐全，还有原始宗教，信教群众较多，宗教活动频繁，一些民族文化往往以宗教活动的形式展现出来。三是民族文化具有多元化特征。16个少数民族跨境而居，由于语言相通、习俗相近、血脉相连，边境地区民族文化大多具有异国风情，多元文化交融。四是节庆是民族文化活动的载体。

如傣族的"泼水节"、彝族的"火把节"、哈尼族的"昂玛突"等节庆活动都是各族群众吹拉弹唱、载歌载舞的最佳平台。

云南少数民族主要节日简表

民族	节日名称	活动内容	时间（农历）
彝族	火把节	耍火把、摔跤、斗牛、歌舞表演	六月二十四
白族	三月街	物资交流、赛马、歌舞表演	三月十五至二十一
哈尼族	昂玛突	祭祀、歌舞、摆街宴	二月属龙日
壮族	陇端节	情歌会、戏剧、杂耍、歌舞	正月至三月农闲时
傣族	泼水节	祭祀拜祖、赛龙舟、泼水、歌舞	公历 4 月中旬
苗族	花山节	斗牛、绩麻比赛、爬花杆、芦笙、歌舞	正月
傈僳族	阔时节	歌舞、拜年、荡秋千、射弩比赛	十二月初五到次年正月初十
回族	开斋节	礼拜、诵经、走亲戚、拜邻里	伊斯兰教历十月一日
拉祜族	扩塔节	接新水、芦笙舞、对歌	正月初一至十一
佤族	拉木鼓节	祭祀、歌舞	佤历"格瑞月"/公历 12 月
纳西族	米拉会	野炊、赛马、歌舞、农具交易	正月十五
瑶族	盘王节	祭祀、歌舞	十月十六
藏族	藏历年	歌舞、赛马、射箭、野餐、跳锅庄	藏历正月一日
景颇族	目瑙纵歌节	祭祀、万人集体歌舞	正月
布朗族	厚南节	相互泼水、迎接太阳	公历 4 月 13～15 日
普米族	大年节	拜年、荡秋千、打靶、赛马、歌舞	腊月

续表

民族	节日名称	活动内容	时间（农历）
怒族	年节	敬祖、祭土、歌舞	十二月底至次年正月
阿昌族	阿露窝罗节	祭祀、舞狮舞象、跳阿露窝罗舞	正月初四
德昂族	沙甘节	泼水、跳堆沙舞	四月中旬
基诺族	特懋克节	剽牛、祭祀、歌舞、串寨、打陀螺	基诺历法一月/公历2月6~8日
蒙古族	鲁班节	祭祀、歌舞	四月初二
布依族	三月三	祭祀、社交、物资交流、歌舞	三月初三
独龙族	卡雀哇	祭祀、剽牛、歌舞	腊月或正月
水族	端节	辞旧迎新，庆贺丰收、祭祀、赛马	八至十月
满族	颁金节	祭祖、歌舞	十月十三

云南是一个多民族多宗教的省份。宗教问题往往与民族问题、边疆问题、贫困问题交织在一起，成为经济社会发展必须妥善处理的重要问题。云南宗教问题具有以下特点：一是宗教种类齐全。佛教、道教、伊斯兰教、基督教、天主教5种世界性宗教均有流传与分布，还有数量众多的民间宗教和原始宗教。二是信教群众人数较多。全省信教群众约有425.57万人，约占总人口的1/10。其中佛教282.46万人，道教16.31万人，伊斯兰教64万人，基督教58.52万人，天主教4.28万人。三是少数民族群众是宗教信徒的主体。宗教的分布与流传同一些民族的地域分布相对应，具有十分明显的民族区域性。在全省信教人群中，80%以上为少数民族群众。四是宗教问题的国际性特征突出。跨境而居的傣族、苗族、傈僳族、拉祜族、佤族、瑶族、景颇族、布朗族、阿昌族、怒族、德昂族等11个少数民族中，有相当比例的群众不同程度分别信仰佛教、道教、基督教和天主教。同时，云南宗教与东南亚国家的宗教联系十分密切，云南的佛教、伊斯兰教在东南亚宗教中具有一定的特殊影响。

第三节　地形与地貌

一、地　形

按照地形分类，云南山地 33.1 万平方千米，高原 3.9 万平方千米，盆地 2.4 万平方千米，山地面积占总土地面积的 94%。由于山地高且多，坝子小而少，坡度大，高低悬殊。复杂多变的自然地理环境导致了地形地

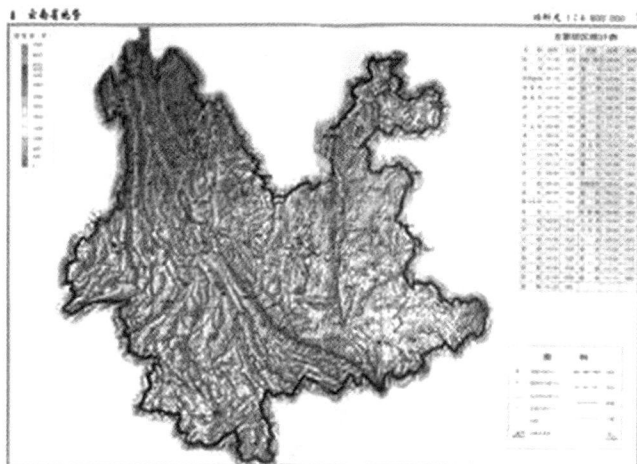

云南地形图

貌类型多样，地域组合千差万别，垂直变化十分突出，形成山中有坝，原中有谷，组合各异，分布较散的地形地貌特征。

一是高原呈波状起伏，大部分国土面积高低参差、纵横起伏，但在一定范围内又有和缓甚至平坦的高原面；云南的海拔高差较大，全省海拔最高点为滇西北迪庆高原梅里雪山主峰卡瓦格博峰，海拔 6740 米，最低点为滇东南河口南溪河汇入红河处，海拔仅 76.4 米，两地之间直线距离仅 900 千米，高低相差竟达 6660 多米，这在一个省内是绝无仅有的。

二是滇西北高山峡谷相间分布，两山夹一川，一川连数坝，形成著名的滇西纵谷区。

三是全省地势自西北向东南分三大阶梯递降。第一级为迪庆的德钦、香格里拉一带，地势最高，海拔一般为 3000 米以上；第二级为丽江以东以南的滇中高原，海拔大约 2500 米及其以下；第三级为南部、东南部和西南部地区，高度降至 1500 米及其以下。在上述三级递降的地势框架内，每一级境内又高低山脉纵横交错，盆地、河谷、低山、中山、高山、山原相间分布，显得十分多样复杂。

四是山川河湖纵横。江河多，湖泊多，形成水系交织、湖泊棋布的特点。

天然湖泊多分布在坝子低洼处，也有镶嵌在高山之间的山中湖泊。

五是断陷盆地星罗棋布。因长期雨水河流冲击作用，形成地势平坦、土壤肥沃的坝子，面积有大有小，海拔有高有低，是农业生产较为发达的地区。云南主要坝子见下表。

云南主要坝子一览表

名称	坝子面积（平方千米）	海拔（米）
陆良	771.99	1834
昆明	763.60	1887
大理	601.00	1965
昭鲁	574.76	1907
曲靖	435.82	1863
固东	432.79	1671
嵩明	414.60	1961
平远街	406.88	1483
蒙自	369.48	1293
盈江	339.99	785

二、地　貌

云南海拔 2500 米以上的主要山峰有 30 座。从宏观上看，山脉可以分为三大系统。

一是从川藏结合部而来，又往滇西北向南延伸的横断山系，包括了高黎贡山、碧罗雪山等数个狭长而高峻

云南碧罗雪山

的山脉，统称横断山脉。横断山脉因喜马拉雅造山运动和印度板块东西向挤压形成，山高坡陡，水流深切。

二是滇东北的乌蒙山脉，因云贵高原抬升而形成，呈南西—北东走向，构成滇东北的主要山地，分东、西两支。

三是从滇西向东南延伸的哀牢山和无量山脉，它们是云岭山脉的延伸，在云南影响范围大，包括了滇中和滇南的大部分山地。具体有：滇西北、滇西的高黎贡山、怒山、云岭，怒山的余脉大雪山、邦马山、老别山，高黎贡山的分支和槟榔山；东部的乌蒙山、轿子山、五莲峰、梁王山、拱王山、牛首山、六韵山；中南部的哀牢山、无量山。

云南主要山峰一览表

名称	标高（米）	所属州市
梅里雪山（卡瓦格博峰）	6740	迪庆
玉龙雪山（扇子陡峰）	5596	丽江
碧罗雪山	4141	怒江
点苍山（马龙峰）	4122	大理
拱王山	3677	昆明
大雪山	3504	临沧
高黎贡山	3374	保山
无量山	3291	大理、普洱
哀牢山	2940	普洱、玉溪、红河

第四节　河流与湖泊

一、河　流

云南南北走向的山脉地形孕育了六大江河水系，即长江、珠江、红河、澜沧江、怒江、伊洛瓦底江。六大水系中，按入海的位置可分为太平洋和印度洋两大水系，除长江、珠江外，其余4条均属国际河流，云南是国际河流最多的省份。

云南境内有大小河流 600 余条，其中主要河流有 180 多条，多为入海河流上游。金沙江发源于青海省唐古拉山脉中段，上游叫通天河，流经迪庆、丽江、楚雄、昆明、昭通等州市，自水富以下叫长江。在云南境内有 1560 千米，主要支流有龙川江、普度河、牛栏江、横江等。

珠江发源于云南沾益县，在云南境内叫南盘江，流经曲靖、昆明、玉溪、红河、文山，从罗平鲁布革出境，与北盘江汇合后叫红水河，到广州附近才叫珠江。在云南的主要支流有甸西河、曲江、泸江、黄泥河、清水江、西洋江等。

红河发源于云南巍山，在云南境内叫元江，流经大理、楚雄、普洱、红河等州市，从河口出境流入越南叫红河，云南境内长 680 千米，主要支流有李仙江、盘龙江、普梅江等。

澜沧江发源于青海唐古拉山北麓，在云南境内干流长 1227 千米，流经迪庆、怒江、大理、保山、临沧、普洱等州市，从西双版纳出境后叫湄公河，在云南境内的主要支流有漾濞江、威远江、补远江、小黑江等。

澜沧江

怒江发源于青藏高原唐古拉山南麓，流经怒江、保山、临沧、德宏等州市，从芒市芒丙出境后叫萨尔温江，云南境内主要支流有苏帕河、施甸河、孟波罗河等。

大盈江（瑞丽江）是伊洛瓦底江的主要支流，流经保山、德宏等州市。伊洛瓦底江的东源恩梅开江，其上游叫独龙江，发源于西藏，流经怒江西北部后进入缅甸。

云南省主要河流表

名称	境内河长（千米）	集水面积（平方千米）
金沙江	1560	105614
澜沧江	1227	88574
元江	680	37455
南盘江	677	43342
怒江	618	33366
瑞丽江	370	9743
大盈江	196	5859

二、湖　泊

由于受断层影响，多断层陷落湖，云南湖泊众多，大小湖泊共30余个，总面积约1066平方千米，集水面积9000多平方千米，总蓄水量约300亿立方米。其中水面面积在30平方千米以上的湖泊有9个，称为九大高原湖泊，分别是：滇池、洱海、抚仙湖、程海、泸沽湖、杞麓湖、星云湖、阳宗海、异龙湖。

滇池，属金沙江水系，流域面积2920平方千米，湖面面积309平方千米，平均水深5.3米，总容水量15.6亿立方米。

洱海，属澜沧江水系，流域面积2565平方千米，湖面面积251平方千米，平均水深10.6米，总容水量27.4亿立方米。

抚仙湖，属珠江水系，流域面积1057平方千米，湖面面积216.6平方千米，平均水深95.2米，总容水量206.2亿立方米。

程海，属金沙江水系，流域面积318.3平方千米，湖面面积74.6平方千米，平均水深25.7米，总容水量19.8亿立方米。

泸沽湖，属金沙江水系，流域面积247.6平方千米，湖面面积57.7平方千米，平均水深38.4米，总容水量22.2亿立方米。

泸沽湖

星云湖，属珠江水系，流域面积 378 平方千米，湖面面积 34.329 平方千米，平均水深 6.01 米，总容水量 2.0981 亿立方米。

杞麓湖，属珠江水系，流域面积 354.2 平方千米，湖面面积 37.3 平方千米，平均水深 4 米，总容水量 1.676 亿立方米。

阳宗海，属珠江水系，流域面积 291.9 平方千米，湖面面积 31.13 平方千米，平均水深 20 米，总容水量 6.04 亿立方米。

云南省主要湖泊表

名称	所属水系	湖面面积（平方千米）	最大水深（米）	平均水深（米）	平均水位（米）	总容水量（亿立方米）
滇池	金沙江	306.3	8	5	1885	15.70
洱海	澜沧江	250	23	10.5	1974	30.00
抚仙湖	南盘江	212	151.5	87	1720	185.00
阳宗海	南盘江	31	30	20	1770	6.02
星云湖	南盘江	39	12	9	1723	2.30
程海	金沙江	78.8	36.9	15	1503	27.00
泸沽湖	金沙江	51.8	73.2	40	2685	20.72
异龙湖	泸江	31	6.6	2.8	1413	1.27
杞麓湖	南盘江	37.3	3.8	4	1792	1.68

第六章 比较省情——全国排位

2015 年云南主要经济指标在全国排位

指标	单位	全国	云南	云南占全国的比重（%）	云南在全国的位次
一、生产总值（GDP）	亿元	676708	13717.88	2.0	23
第一产业	亿元	60863	2055.71	3.4	14
第二产业	亿元	274278	5492.76	2.0	21
其中：工业增加值	亿元	228974	3925.18	1.7	—
第三产业	亿元	341567	6169.41	1.8	23
二、人均生产总值	元	49351	29015	58.8	29
三、社会消费品零售总额	亿元	300931	5103.15	1.7	15
四、主要农产品产量					
粮食产量	万吨	62144	1876.40	3.0	14
糖料产量	万吨	12529	1930.05	1.5	2
肉类产量	万吨	8625	375.50	4.4	12
猪年末存栏数	万头	45113	2625.30	5.8	5
生猪出栏数	万头	70825	3451.00	4.9	11

续表

指标	单位	全国	云南	云南占全国的比重（％）	云南在全国的位次
五、主要工业产品产量					
糖	万吨	1475	249.60	16.9	2
卷烟	万箱	5178	780.73	15.1	1
粗钢	万吨	80383	1418.10	1.8	19
钢材	万吨	112350	1695.40	1.5	19
水泥	亿吨	23	0.93	4.0	13
汽车	万辆	2484	13.40	0.5	21
六、固定资产投资（不含农户）	亿元	551590	13069.39	2.4	19
七、进出口总额	亿美元	245741	245.27	1.0	20
八、全体居民人均可支配收入	元	21966	15223	69.3	28
城镇居民人均可支配收入	元	31195	26373	84.5	18
农村居民人均可支配收入	元	11422	8242	72.2	28

注：（1）工业产品产量统计口径均为规模以上工业

　　（2）本章数据来源：2016 年云南领导干部手册

第一节　　总值与人均

2015 年全国各省（市区）生产总值对比表（亿元，％）

地区	总额	总额排名	增长	增长排名	地区	总额	总额排名	增长	增长排名
全国	676708		6.9		陕西	18171.86	15	8.0	17
广东	72812.55	1	8	17	广西	16803.12	17	8.1	15

续表

地区	总额	总额排名	增长	增长排名	地区	总额	总额排名	增长	增长排名
江苏	70116.38	2	8.5	12	天津	16538.19	19	9.3	4
山东	63002.33	3	8	17	江西	16723.78	18	9.1	5
浙江	42886.49	4	8	17	黑龙江	15083.67	21	5.7	29
河南	37010.25	5	8.3	13	吉林	14274.11	22	6.5	28
河北	29806.11	7	6.8	27	重庆	15719.72	20	11	1
辽宁	28743.39	10	3.0	31	山西	12802.58	24	3.1	30
四川	30103.10	6	7.9	22	云南	13717.88	23	8.7	8
湖北	29550.19	8	8.9	7	新疆	9324.80	26	8.8	11
湖南	29047.21	9	8.6	10	贵州	10502.56	25	10.7	3
福建	25979.82	11	9.0	6	甘肃	6790.32	27	8.1	15
上海	24964.99	12	6.9	25	海南	3702.76	28	7.8	23
北京	22968.59	13	6.9	25	宁夏	2911.77	29	8.0	17
安徽	22005.60	14	8.7	8	青海	2417.05	30	8.2	14
内蒙古	18032.79	16	7.7	24	西藏	1026.39	31	11	1

2015 年全国各省（市区）第一、第二、第三产业增加值及在全国的位次（亿元）

地区	第一产业增加值	排名	第二产业增加值	排名	第三产业增加值	排名
全国	60963		274278		341567	
北京	140.21	29	4526.44	24	18301.94	5
天津	208.76	28	7688.69	18	8640.74	14
河北	3439.45	5	14387.97	6	11978.69	12

续表

地区	第一产业增加值	排名	第二产业增加值	排名	第三产业增加值	排名
山西	788.14	25	5224.26	22	6790.18	20
内蒙古	1618.70	18	9200.58	14	7213.51	19
辽宁	2384.03	12	13382.56	9	12976.80	8
吉宁	1596.28	20	7337.06	19	5340.77	24
黑龙江	2633.50	9	4798.08	23	7652.09	16
上海	109.78	30	7940.69	16	16914.52	6
江苏	3987.94	3	32043.63	2	34084.81	2
浙江	1832.80	5	19707.09	4	21346.60	4
安徽	2456.69	11	11342.31	12	8206.60	15
福建	2117.65	13	13218.67	10	10643.50	13
江西	1772.98	16	8487.30	15	6463.50	22
山东	4979.08	1	29485.90	3	28537.35	3
河南	4209.56	2	18189.36	5	14611.33	7
湖北	3309.84	8	13503.56	8	12736.79	10
湖南	3331.62	7	12955.39	11	12760.20	9
广东	3344.82	6	32511.49	1	36956.24	1
广西	2565.97	10	7694.74	17	6542.41	21
海南	855.82	14	875.13	30	1971.81	28
重庆	1150.15	22	7071.82	20	7497.75	17
四川	3677.30	4	14293.24	7	12132.56	11
贵州	1640.62	17	4146.94	25	4715.00	25
云南	2055.71	14	5492.76	21	6169.41	23

续表

地区	第一产业增加值	排名	第二产业增加值	排名	第三产业增加值	排名
西藏	96.89	31	376.19	31	553.31	31
陕西	1597.63	19	9360.30	13	7213.93	18
甘肃	954.54	23	2494.77	27	3341.01	27
青海	208.93	27	1207.31	29	1000.81	30
宁夏	238.47	26	1379.04	28	1294.26	29
新疆	1559.09	21	3564.99	26	4200.72	26

2015 年全国各省（市区）固定资产投资（不含农户）、房地产开发投资、社会消费品零售总额及在全国的位次（亿元）

地区	固定资产投资（不含农户）	排名	房地产开发投资	排名	社会消费品零售总额比上年增长（％）	排名
全国	551590.04		95978.85		10.7	
北京	7446.02	26	4177.05	11	7.3	25
天津	11814.57	21	1871.55	20	10.7	10
河北	28905.74	5	4285.27	9	9.4	16
山西	13744.59	17	1494.87	23	5.5	28
内蒙古	13529.15	18	1081.05	24	8.0	23
辽宁	17640.37	13	3558.64	13	7.7	24
吉宁	12508.59	20	924.24	27	9.3	17
黑龙江	9884.28	24	992.15	26	8.9	19
上海	6349.39	27	3468.94	14	8.1	22
江苏	45905.17	2	8153.68	2	10.3	12

续表

地区	固定资产投资（不含农户）	排名	房地产开发投资	排名	社会消费品零售总额比上年增长（％）	排名
浙江	26664.72	6	7111.93	3	8.8	20
安徽	23803.93	10	4424.86	8	12.0	5
福建	20973.98	11	4469.61	7	12.4	2
江西	16993.90	14	1520.10	22	11.4	7
山东	47381.46	1	5892.16	4	10.6	11
河南	34951.28	3	4818.93	5	12.4	2
湖北	26086.42	7	4249.23	10	12.3	3
湖南	24324.17	9	2613.75	16	12.1	4
广东	29950.48	4	8538.47	1	10.1	14
广西	15654.95	15	1909.09	19	10.0	15
海南	3355.40	29	1704.00	21	8.2	21
重庆	14208.15	16	3751.28	12	12.5	1
四川	24965.56	8	4813.03	6	12.0	5
贵州	10676.70	22	2205.09	18	11.8	6
云南	13069.39	19	2669.01	15	10.2	13
西藏	1295.68	31	50.02	31	12.0	5
陕西	18231.03	12	2494.29	17	10.8	9
甘肃	8626.60	25	768.06	28	9.0	18
青海	3144.17	30	336.00	30	11.3	8
宁夏	3426.42	28	633.64	29	7.1	26
新疆	10525.42	23	998.88	25	7.0	27

2015 年全国各省（市区）进出口总额、进口、出口及在全国的位次（亿美元）

地区	进出口总额	排名	进口	排名	出口	排名
全国	39588.91		16822.99		22765.92	
北京	3196.19	5	2649.46	2	546.73	8
天津	1143.47	8	631.64	7	511.83	9
河北	514.81	13	185.43	13	329.39	15
山西	147.15	24	62.94	25	84.21	23
内蒙古	127.50	26	70.96	24	56.54	26
辽宁	960.86	9	452.45	9	508.40	10
吉宁	189.38	23	142.85	18	46.54	27
黑龙江	209.86	21	129.55	19	80.31	24
上海	4492.38	3	2532.97	3	1959.41	4
江苏	5456.14	2	2069.45	4	3386.68	2
浙江	3474.08	4	707.48	6	2766.60	3
安徽	488.08	15	156.94	17	331.14	14
福建	1693.84	7	563.44	8	1130.40	6
江西	426.09	17	93.40	22	332.69	13
山东	2417.39	6	976.88	5	1440.52	5
河南	738.36	11	307.69	10	430.66	11
湖北	456.05	16	163.85	15	292.20	16
湖南	293.67	19	101.94	21	191.73	18
广东	10229.52	1	3793.89	1	6435.62	1
广西	512.62	14	232.36	11	280.26	17
海南	139.59	25	102.17	20	37.42	28

续表

地区	进出口总额	排名	进口	排名	出口	排名
重庆	749.37	10	196.04	12	553.34	7
四川	515.93	12	182.42	14	333.51	12
贵州	122.95	27	22.72	26	100.24	22
云南	245.27	20	79.01	23	166.26	20
西藏	9.15	31	3.28	30	5.87	31
陕西	305.04	18	157.15	16	147.88	21
甘肃	80.11	28	21.84	27	58.27	25
青海	19.35	30	2.93	31	16.42	30
宁夏	37.91	29	8.14	29	29.76	29
新疆	196.78	22	21.72	28	175.06	19

2015 年全国各省（市区）城镇常住居民收入、农村常住居民收入、全体居民收入及在全国的位次（元）

地区	城镇常住居民人均可支配收入	排名	农村常住居民人均可支配收入	排名	全体居民人均可支配收入	排名
全国	31195		11422		21966	
北京	52859	2	20569	3	48458	2
天津	34101	6	18482	4	31291	4
河北	26152	22	11051	14	18118	19
山西	25828	23	9454	23	17854	20
内蒙古	30594	10	10776	19	22310	10
辽宁	31126	9	12057	9	24576	8
吉宁	24901	27	11326	11	18684	15
黑龙江	24203	30	11095	13	18593	16

续表

地区	城镇常住居民人均可支配收入	排名	农村常住居民人均可支配收入	排名	全体居民人均可支配收入	排名
上海	52962	1	23205	1	49876	1
江苏	37173	4	16257	5	29539	5
浙江	43714	3	21125	2	35537	3
安徽	26936	14	10821	18	18363	18
福建	33275	7	13793	6	25404	7
江西	26500	15	11139	12	18437	17
山东	31545	8	12930	8	22703	9
河南	25576	24	10853	17	17125	24
湖北	27051	13	11844	10	20026	12
湖南	28838	11	10993	15	19317	13
广东	34757	5	13360	7	27859	6
广西	26416	17	9467	22	16873	25
海南	26356	19	10858	16	18979	14
重庆	27239	12	10505	20	20110	11
四川	26205	21	10247	21	17221	23
贵州	24580	28	7387	30	13679	29
云南	26373	18	8242	28	15223	28
西藏	25457	25	8244	27	12254	31
陕西	26420	16	8689	26	17395	21
甘肃	23767	31	6936	31	13467	30
青海	24542	29	7933	29	15813	27
宁夏	25186	26	9119	25	17329	22
新疆	26275	20	9425	24	16859	26

第二节 主要农产品产量等情况

2015 年全国各省（市区）粮食总产量（万吨）、发电量（亿千瓦时）、居民消费价格指数

地区	粮食总产量	排名	发电量	排名	居民消费价格指数（上年＝100）	排名
全国	62143.5		56183.7		101.4	
北京	62.6	31	417.4	29	101.8	5
天津	181.7	27	621.7	27	101.7	9
河北	3363.8	8	2487.2	8	100.9	29
山西	1259.6	18	2434.7	9	100.6	30
内蒙古	2827.0	10	3686.4	4	101.1	25
辽宁	2002.5	13	1626.8	16	101.4	19
吉宁	3647.0	4	711.0	25	101.7	10
黑龙江	6324.0	1	870.0	22	101.1	26
上海	112.1	28	792.7	24	102.4	2
江苏	3561.3	5	4351.8	2	101.7	8
浙江	752.2	23	2905.3	6	101.4	17
安徽	3538.1	6	2034.2	13	101.3	21
福建	661.1	24	1764.9	14	101.7	7
江西	2148.7	12	843.4	23	101.5	15
山东	4712.7	3	4651.4	1	101.2	23
河南	6067.1	2	2615.0	7	101.3	20

续表

地区	粮食总产量	排名	发电量	排名	居民消费价格指数（上年＝100）	排名
湖北	2703.3	11	2301.4	12	101.5	13
湖南	3002.9	9	1215.2	19	101.4	18
广东	1538.1	17	3900.2	3	101.5	12
广西	1524.8	15	1227.7	18	101.5	14
海南	184.0	26	244.7	30	101.0	27
重庆	1154.9	22	644.6	26	101.3	22
四川	3442.8	7	2969.5	5	101.5	16
贵州	1180.0	20	1740.9	15	101.8	6
云南	1876.4	14	2352.4	11	101.9	4
西藏	100.3	30	35.7	31	102.0	3
陕西	1226.8	19	1594.1	17	101.0	28
甘肃	1171.1	21	1139.4	20	101.6	11
青海	102.7	29	537.5	28	102.6	1
宁夏	372.6	25	1096.7	21	101.1	24
新疆	1521.3	16	2369.7	10	100.6	31

注：产品产量统计口径为规模以上工业企业

第三节　工业发展情况

2015 年全国各省（市区）粗钢和钢材产量（万吨）、汽车（万辆）和水泥（万吨）产量

地区	粗钢	排名	钢材	排名	汽车	排名	水泥	排名
全国	80382.5		112349.6		2483.8		234796.2	
北京	1.5	30	175.0	28	202.4	6	553.5	29
天津	2068.9	11	8186.2	4	52.9	14	777.6	28
河北	18832.0	1	25244.3	1	112.9	10	9073.2	14
山西	3847.0	5	4267.3	7	—	—	3564.7	23
内蒙古	1735.1	16	1897.2	18	2.6	24	5807.1	18
辽宁	6071.3	4	6321.6	5	109.0	11	4543.0	20
吉宁	1066.8	20	1152.5	22	219.7	5	3584.9	22
黑龙江	418.5	26	403.8	26	8.0	22	3021.1	24
上海	1783.8	14	2202.7	16	243.0	2	433.6	31
江苏	10995.2	2	13560.8	2	115.8	9	18013.7	1
浙江	1594.9	17	4047.7	8	41.1	17	11286.5	9
安徽	2506.0	8	3334.7	11	117.0	8	13085.1	6
福建	1586.5	18	2820.7	13	19.2	20	7746.2	16
江西	2211.0	9	2577.6	15	42.1	16	9438.0	12
山东	6619.3	3	9003.2	3	83.1	12	15173.9	3
河南	2897.4	7	4766.8	6	53.0	13	16565.6	2
湖北	2919.8	6	3421.2	10	196.8	7	11288.9	8
湖南	1852.8	13	1951.3	17	36.3	18	11613.6	7

续表

地区	粗钢	排名	钢材	排名	汽车	排名	水泥	排名
广东	1761.7	15	3271.0	12	239.4	3	14489.7	4
广西	2146.0	10	3545.4	9	229.4	4	11059.0	10
海南	23.9	29	34.7	30	7.0	23	2225.2	25
重庆	689.5	24	1411.4	21	261.0	11	6798.8	17
四川	1947.7	12	2702.5	14	42.3	15	14040.6	5
贵州	466.4	25	463.0	25	-	-	9909.5	11
云南	1418.1	19	1695.4	19	13.4	21	9305.3	13
西藏	-	-	2.5	31	-	-	467.9	30
陕西	1027.3	21	1655.6	20	34.1	19	8580.1	15
甘肃	852.1	22	847.8	24	2.4	25	4764.3	19
青海	120.6	28	113.6	29	-	-	1744.5	26
宁夏	181.8	27	201.6	27	-	-	1742.5	27
新疆	739.6	23	1070.5	23	1.6	26	4098.6	21

注：产品产量统计口径为规模以上工业企业

2015 年全国各省（市区）建筑业房屋施工和竣工面积（万 m^2）、工业企业利润总量（亿元）

地区	房屋施工面积	排名	房屋竣工面积	排名	工业企业利润总量	排名
全国	1242569.91		420802.60		63554.0	
北京	59776.73	5	9886.27	15	1580.3	14
天津	15644.62	20	3547.24	24	2002.9	12
河北	35616.48	13	11612.95	13	2181.4	9

续表

地区	房屋施工面积	排名	房屋竣工面积	排名	工业企业利润总量	排名
山西	13943.41	22	3634.36	23	-68.4	30
内蒙古	6794.63	26	3103.09	26	940.5	21
辽宁	28937.13	15	10397.95	14	1191.1	18
吉宁	12237.25	23	5602.61	20	1171.5	20
黑龙江	5524.25	27	2968.05	27	409.9	24
上海	36659.77	12	7258.69	17	2635.4	6
江苏	215591.97	1	76823.92	1	9617.1	1
浙江	201553.17	2	68337.61	2	3717.7	5
安徽	44322.15	11	15553.62	9	1852.7	13
福建	59277.33	6	16631.27	8	2208.7	8
江西	28895.36	16	14255.60	11	2128.0	10
山东	69478.60	3	23656.96	4	8617.2	2
河南	53132.48	7	17963.75	6	4840.6	4
湖北	62204.72	4	26825.29	3	2233.1	7
湖南	47504.41	10	17389.97	7	1548.6	15
广东	50461.59	9	14373.42	10	7208.8	3
广西	23431.97	18	7720.70	16	1175.4	19
海南	2132.02	29	744.56	29	89.6	26
重庆	32801.61	14	13542.58	12	1396.8	16
四川	52795.35	8	20666.78	5	2044.0	11
贵州	16769.59	19	3195.84	25	606.5	22

续表

地区	房屋施工面积	排名	房屋竣工面积	排名	工业企业利润总量	排名
云南	15432.74	21	6941.12	19	462.0	23
西藏	295.41	31	173.93	31	6.4	29
陕西	23991.20	17	7087.37	18	1339.7	17
甘肃	10757.08	25	4083.15	22	−72.3	31
青海	908.69	30	350.21	30	68.8	28
宁夏	3284.95	28	1226.58	28	79.3	27
新疆	12233.25	24	5247.18	21	340.5	25

注：本表建筑业房屋施工和竣工面积数据为总承包和专业承包建筑企业年快报；工业企业利润总量为规模以上工业企业快报数据。

第七章 规划省情——重点工作

规划是指较全面或长远的计划。"五年规划"是一个国民经济和社会发展的中短期规划。就全国而言，主要是对全国重大建设项目、生产力布局和国民经济重要比例关系等作出规划，为国民经济发展远景规定目标和方向。我国从 1953 年开始制定并实施第一个"五年计划"，简称"一五"，从"十一五"起，国家将"五年计划"改为"五年规划"。就省份而言，云南省和全国一盘棋，1953 年实施第一个五年计划，1955 年云南省制定出《云南省发展国民经济的第一个五年计划》。上述说到云南有其独特的基本省情、现实省情，针对云南国民经济和社会发展实际，同样也有其具有针对性、可操作性的规划；从规划的制定和实施情况，同样可以探知云南省的基本情况和特点。2011～2015 年实施的《云南省国民经济和社会发展第十二个五年规划纲要》，在实践中取得了显著的成就，为"十三五"顺利开局和实现第一个百年奋斗目标奠定了坚实基础。于 2016 年 4 月下发实施的《云南省国民经济和社会发展第十三个五年（2016—2020 年）规划纲要》，根据《中共中央关于制定国民经济和社会发展第十三个五年规划的建议》和《中共云南省委关于制定国民经济和社会发展第十三个五年规划的建议》编制，主要阐明了全省经济社会发展战略，明确了发展目标、主要任务和重大举措，是未来五年推动全省实现跨越式发展的宏伟蓝图。

第一节 "十二五"期间主要成就

"十二五"时期是云南省发展最快、最好的时期之一，全省紧紧围绕"两强一堡"战略实施，抢抓机遇、沉着应对、攻坚克难、奋力拼搏、开拓创新，经济社会各个方面都取得了新的重大成就，在"富民强滇"和与全国同步实现全面建成小康社会的道路上，在谱写好中国梦云南篇章的伟大征程中又迈出了坚实的一步。同时，为"十三五"的发展奠定了坚实的基础。

一、综合实力持续增强

全省生产总值、固定资产投资跨上万亿元新台阶，年均增长 11.1% 和 24.7%。地方一般公共预算收入由 871 亿元增加到 1808 亿元、地方一般公共预算支出由 2285 亿元增加到 4713 亿元，社会消费品零售总额由 2556 亿元增加到 5103 亿元。结构调整取得新成效，非公经济增加值占 GDP 比重提高 6 个百分点，第三产业比重上升为 45%。全省铁路营运里程 2980 公里，高速公路通车里程 4005 公里，电力装机达到 8000 万千瓦，新增航道通航里程 1090 公里、蓄水库容 21.7 亿立方米，中缅油气管道建成，民用航空能力大为增强。固定互联网宽带接入用户 456 万户、移动互联网用户 2728 万户、手机用户 3778 万户。建立院士专家工作站 164 个，引进一大批高层次科技创新创业人才。

二、人民生活水平显著提高

城乡居民收入增速高于经济增速，物价保持基本稳定。城镇新增就业累计达 165.9 万人，转移农村劳动力 1000 万人次以上。城乡居民基本养老保险制度全面覆盖，三项医疗保险参保率达到 98%。建设城镇保障性安居工程 128.84 万套，实施农村危房改造和抗震安居工程 198 万户。九年义务教育巩固率、高中阶段教育毛入学率、高等教育毛入学率分别提高 3.3、15.1 和 10.18 个百分点。覆盖城乡的公共卫生、医疗服务体系不断健全，食品药品安全监管持续加强。改扩建一批图书馆、文化馆、博物馆，组织开展文化下乡和进社区活动，民族文化保护利用成效显著。妇女儿童发展规划实施成效突出。

三、城乡面貌发生深刻变化

区域城镇体系规划不断健全，"多规合一"试点有序推进。山地城镇建设稳步推进，累计开发低丘缓坡土地 11 万亩，耕地得到有效保护。农民进城工作有序开展，601 万农业人口转变为城镇居民。积极改善农村生产生活条件，新建改建农村公路 9.15 万公里，新增农田有效灌溉面积 435 万亩，完成中低产田地改造 1745 万亩，解决 1369 万农村人口饮水安全问题。构建扶贫攻坚体制机制，走出了整村、整乡、整县、整州和整族扶贫的新路子，年均减少贫困人口 100 万人以上。历史文化名城、名镇、名村、名街保护得到加强。

四、生态文明建设扎实有效

深入推进七彩云南保护行动、生物多样性保护行动计划和森林云南建设，森林覆盖率达到55.7%，提高2.8个百分点。九大高原湖泊保护治理得到加强，水质稳定好转。城乡人居环境质量不断提高，县城及以上城市污水集中处理率和生活垃圾无害化处理率达到85%，农业农村面源污染治理力度加大。单位GDP能耗累计下降19.8%，超额完成国家下达的节能减排任务。退耕还林还草、生态修复、水土保持、地质灾害防治持续加强。土地、矿产资源节约利用水平明显提高。

五、各领域改革全面推进

政府职能转变取得重要进展，行政审批项目大幅精简，非行政许可审批项目全面取消，商事制度改革全面推开，公共资源交易平台全面建立。国资监管水平不断提高，国有企业战略重组和合作不断深化。预算制度改革、"营改增"等财税改革全面推进。农村土地、集体林权、水利、农垦、供销社、粮食流通等改革不断深化。沿边金融综合改革取得有效进展，跨境贸易人民币结算累计突破2500亿元。国有经营性文化单位转企改制有序推进，县级公立医院改革全面推开，教育领域综合改革不断深化。生态文明、户籍制度、资源性产品价格等改革稳步推进。

六、对内对外开放不断扩大

主动服务和融入国家"一带一路"、长江经济带等重大发展战略，积极建设孟中印缅、中国—中南半岛经济走廊，开展了多层次多边、双边对外交流合作。各类重点开发开放试验区、经济合作区、综合保税区建设不断推进。区域通关一体化改革不断深化。构建与长三角、泛珠三角、京津冀及周边省区市的常态化合作交流机制。积极承接东部产业转移，大力培育外向型企业，累计完成外贸进出口总额1170亿美元。成功举办3届南博会，为推进我国与南亚东南亚国家的合作交流搭建了战略性平台。

七、民族团结社会和谐更加巩固

持续开展"十县百乡千村万户示范点创建工程"，民族地区主要经济指标和城乡居民收入增速高于全省平均水平，生产生活条件持续改善，民族团结进步边疆繁荣稳定良好局面进一步巩固。加强社会治安综合治理，严厉打击各类违法犯罪活动，反恐和边境维稳处突能力不断加强，平安云南建设向纵深推进。第三轮禁毒防艾人民战争成效显著。公共法律保障水平不断提升，"六五"普法效果明显。安全生产责任进一步落实。积极预防和有效应对各类重特大自然灾害，全力保障人民群众生命财产安全，灾区恢复重建工作扎实有效。

第二节　"十三五"规划主要任务

"十三五"时期是云南省深入贯彻落实习近平总书记考察云南重要讲话精神、闯出跨越式发展路子的关键阶段，是与全国同步全面建成小康社会的决胜阶段。全省上下必须明确目标任务，抢抓发展机遇，主动服务和融入国家发展战略，统筹推进经济建设、政治建设、文化建设、社会建设、生态文明建设和党的建设，闯出一条跨越式发展的路子来，努力推动民族团结进步示范区、生态文明建设排头兵、面向南亚东南亚辐射中心建设取得重大突破，确保与全国同步全面建成小康社会，为谱写好中国梦的云南篇章奠定更加坚实的基础。根据《云南省国民经济和社会发展第十三个五年（2016—2020年）规划纲要》，梳理出主要任务如下：

一、优化空间布局

按照"做强滇中、搞活沿边、联动廊带、多点支撑、双向开放"的发展思路，以昆明中心城区和滇中新区为核心，以滇中城市经济圈、沿边开放经济带以及参与国家"孟中印缅"和"中国—中南半岛"经济走廊建设为重点，以澜沧江开发开放和金沙江对内开放合作经济带为重要组成部分，以六个城镇群为主体形态，加快构建"一核一圈两廊三带六群"全省经济社会发展空间格局。

1. 强化昆明核心作用

着力提升昆明作为全省政治、经济、科技、文化、金融、创新中心的作用，努力把昆明建设成为面向南亚东南亚的区域性国际中心城市，引领全省经济社会跨越发展的龙头。加快推进滇中新区建设，有机融入昆明城市发展，坚持高标准规划、高起点建设、分步骤实施，把滇中新区建设成为我国面向南亚东南亚辐射中心的重要经济增长点、西部地区新型城镇化综合试验区、全省战略性新兴产业集聚区和高新技术产业创新策源地。全力推进昆明中心城区与滇中新区融合发展，加快形成全省最具活力的增长核心。

2. 充分发挥滇中城市经济圈支撑作用

牢固树立协同发展理念，打造整体优势，加快推进滇中城市经济圈基础设施一体化、产业发展一体化、市场体系一体化、基本公共服务和社会管理一体化、城乡建设一体化、生态环保一体化，把滇中城市经济圈建设成为我国面向南亚东南亚辐射中心的核心区、我国高原生态宜居城市群，在全省率先全面建成小康社会。

3. 主动服务和融入国家"孟中印缅"和"中国—中南半岛"经济走廊

积极参与国家"孟中印缅"经济走廊建设、"中国—中南半岛"经济走廊建设，全面提升云南西向、南向开放合作的层次和水平，主动服务和融入国家"一带一路"建设，推动铁路、公路、航空等互联互通基础设施建设，加快推进我省与南亚、东南亚国家的国际产能和装备制造合作，发挥好在"孟中印缅"和"中国—中南半岛"经济走廊建设中的主体省份作用。

4. 加快建设沿边开放、澜沧江开发开放和金沙江对内开放合作经济带

着力增强沿边开放经济带发展活力，以扩大开放为主线，以深入实施"兴边富民"工程为抓手，以加强基础设施建设、培育壮大特色产业、建设沿边城镇、加大脱贫攻坚、推动沿边开放合作、巩固沿边生态屏障、建设和谐边疆为重点，努力把沿边开放经济带建设成为全省面向南亚东南亚辐射中心的前沿和窗口。加快培育澜沧江开发开放经济带，以绿色发展为主线，以发展生态旅游文化产业为重点，统筹推动区域联动、资源整合、整体开发，努力把澜沧江开发开放经济带建设成为全省面向南亚东南亚开放合作前沿带、绿色经济发展的示范带。加快培育金沙江对内开放合作经济带，以融入长江经济带为主线，以加强与周边省（区、市）和长江中下游地区合作为重点，努力把金沙江对内开放合作经济带建设成为长江上游重要的生态安全屏障和长江上游的重要经济增长极。

5. 有序推进六个城镇群协调发展

重点发展滇中城市群，提升滇中城市群对全省经济社会的辐射带动力，到2020年，户籍人口城镇化率达到50%。加快发展以大理为中心的滇西城镇群，到2020年，户籍人口城镇化率达到40%。加快发展以蒙自为中心的滇东南城镇群，到2020年，户籍人口城镇化率达到40%。积极培育发展以昭阳、鲁甸一体化为重点的滇东北城镇群，到2020年，户籍人口城镇化率达到30%。加快培育以景洪、思茅、临翔为重点的滇西南城镇群，到2020年，户籍人口城镇化率达到35%。加快培育以丽江、香格里拉、泸水为重点的滇西北城镇群，到2020年，户籍人口城镇化率达到30%。

二、加快高原特色农业现代化建设

1. 转变农业经营方式

推动农业适度规模经营，培育壮大新型农业经营主体，推动传统农业向现代农业转型。以市场为导向、效益为核心、家庭经营为基础、新型农业经营组织为主体、土地承包经营权有序流转为关键，通过家庭农场、专业合作、股份合作、土地入股、土地流转、土地托管等多种方式发展适度规模经营。培育壮大新型农业经营主体。

2. 创新农村产权制度

稳定农村土地承包关系，完善土地所有权、承包权、经营权分置办法，稳步开展农村土地承包经营权确权登记颁证工作，鼓励、引导和规范农村土地承包经营权有序流转。深化集体林权制度改革。以保障天然橡胶战略地位和粮、茶、糖、果蔬等农产品有效供给为核心，推进国有农场生产经营企业化和社会管理属地化，深化垦区集团化改革。深化粮食流通体制改革，积极发展混合所有制粮食经济，推进国有粮食企业兼并重组。大力推进供销系统综合改革，努力把供销系统建设成为农服务的生力军和综合平台。

3. 完善农业要素支撑体系

强化农业科技创新，加快高标准农田建设，推进农业生产信息化发展，加强农产品新型物流体系建设，以保护主要农产品供给、促进农民增收和实现农业可持续发展为重点，建立健全农业支持保护体系。持续增加农业投入，强化金融支持，落实各种优惠政策，为农业现代化发展提供强有力的要素支撑。

4. 增强农业产业协调融合发展能力

坚持稳粮、扩经、提质、增效，深入推进农业结构调整，打造供应链，延伸产业链，强化营销链，提升价值链，开发农业多种功能，形成农业与二、三产业交叉融合的现代产业体系。一是推进农业产业内部协调发展，夯实高原粮仓，提高口粮生产和保障能力，增强粮食自我平衡能力。二是推进农村一二三产业融合发展，以市场需求为导向，以完善利益联结机制为核心，以制度、技术和商业模式创新为动力，以新型城镇化为依托，推进农业供给侧结构性改革，推进农业与旅游、教育、文化、健康养生等产业深度融合，促进

云南丽江试种植的玛咖

农村生态、景观等资源优势转化为产业经济优势，实现农业从生产向生态生活、从物质向精神文化功能的拓展。

5. 促进农业绿色安全发展

健全"从农田到餐桌"的农产品质量安全全过程监管体系，鼓励节水、节地和循环农业发展，促进农业绿色安全发展。加强品牌建设和标准化生产。加强农产品质量安全监管能力建设，进一步完善农产品质量安全监管体系和检验体系，确保农产品质量安全。病死畜禽无害化处理，保障农产品产地安全。到 2020 年，全省农产品综合抽检合格率达到 93% 以上。推进农业废弃物资源化利用和生态治理，着力抓好农业环境保护监测体系建设、农业外源污染防控和面源污染治理，改善农业生产条件。大力发展节水农业和循环农业，逐步建立农业灌溉用水量控制和定额管理制度。积极开展种养结合循环农业试点示范。

6. 实施高原特色农业现代化建设重点工程

实施农业小巨人打造工程、现代种业建设工程、新型经营主体培育工程、粮食收储供应安全保障工程、名特优农产品生产基地培育工程、林下经济发展工程、高标准农田建设工程、灌区建设工程、云南知名农产品品牌打造工程、现代饲草料产业建设工程、农村一二三产融合发展试点示范工程、农业生态治理工程、跨境动物区域化管理及产业发展试点工程。

三、推动产业优化升级

1. 坚持"两型三化"发展方向

顺应国际产业结构调整、国内消费升级新变化和科技进步新趋势，依靠科技进步和体制机制创新，努力构建"开放型、创新型和高端化、信息化、绿色化"的云南特色现代产业体系。以开放型为引领，拓展产业发展空间。以创新型为关键，加快产业动力转换。以高端化为标杆，提高产业市场竞争力。以信息化为支撑，促进产业融合发展。以绿色化为根本，推动产业可持续发展。

2. 加快传统产业优化升级

以市场需求为引导，以企业为主体，以实施传统产业重大技术升级改造工程为重点，推动传统产业优化升级，盘活现有存量资产，修复增长动力。实施重大工业技术改造升级工程，围绕冶金、化工、建材、轻纺等重点领域和技术设备、工艺流程、生产管理等关键环节，加快技术进步，推动智能制造，加快绿色发展。按照"限量、重组、转移、退出"四种途径积极稳妥化解过剩产能。拓宽产业发展新空间，实施云南工业质量品牌行动计划，着力加强供给侧结构性改革，提高"云南制造"知名品牌的影响力。积极培育石化产业成为新的优势产业。

云南曲靖的煤化工企业

3. 传统优势产业改造升级重点

一是烟草。加大品牌整合力度，开发生态安全型卷烟产品，进一步提高一、二类烟比重，加快"走出去"步伐，大力发展烟用辅料、烟草机械、包装印刷等烟草配套产品，打造"两烟"及配套产业集群。

二是非烟轻工。大力发展茶、酒、糖、油、核桃、咖啡、果蔬7类过百亿元的云南特色食品加工业；加大功能性食品、保健品、天然香精香料、绿色有机生物资源性生活必需品等大健康产品开发和产业化步伐。积极发展橡胶制品，形成由种植、加工向橡胶制品延伸发展的橡胶产业链。与旅游文化产业融合，形成一体化发展的特色工艺品产业链和聚集区。建设家具产业聚集区。大力承接家电、纺织服装、鞋帽、塑料制品、玩具、五金等出口导向型产品制造，打造产业集聚区。

三是冶金。重点发展超薄铝箔、宽幅铝板带、锡材、锡化工等精深加工产品，培育打造铜、铅锌、锡产业链，主动承接建设水电铝一体化的清洁载能产业基地。建设氧化铝基地及铜、镍等资源接续地。大力推进建筑钢材升级换代和多元化产品发展，加大高强度抗震钢和钢结构建筑推广应用。

四是化工。发展推广缓控释肥、专用肥、水溶性肥等新型肥料，打造磷及精细磷化工产业链，稳妥推进昭通褐煤资源综合利用。

五是建材。优化产业结构，控制水泥总量。以发展节能环保型建筑材料为导向，大力发展特色天然石材、新型绿色环保建材，打造先进陶瓷基地。

六是能源。扩大云电云用，拓展西电东送，稳妥推进金沙江、澜沧江干流水电开发建设，争取怒江干流水电开发并做好后续工作。支持和服务好大中型水电开发建设，积极做好库区移民搬迁安置工作。协调有序发展新能源，提高电力系统调节能力。加快推进资源枯竭矿井的退出，加大小煤矿的关闭退出力度，淘汰煤炭落后产能，提高煤炭清洁生产水平。加强煤层气、页岩气、常规油气资源勘探开发。

七是建筑业。大力推进信息、科技在建筑业生产、管理、服务等方面的应用、渗透和融合，促进建筑业转型升级，提升产业国际竞争力。培育一批具有较强竞争力的大型企业集团。支持企业实施"大市场"和"走出去"战略。

4. 培育壮大战略性新兴产业

围绕重点领域，紧跟技术前沿，实施工业强基工程，加强政策资源整合，推动产业结构优化升级，培育新的增长动力。以最有基础、最有条件的现代生物、新能源、新材料、先进装备制造、电子信息和新一代信息技术、节能环保6个战略性新兴产业为突破口，培育产业发展新动力。完善新兴产业发展环境发挥产业政策导向和促进竞争功能，构建有利于新技术、新产品、新业态、新模式发展的准入条件、监管规则和标准体系，营造有利于战略性新兴产业发展壮大的生态环境。

5. 战略性新兴产业培育重点

一是现代生物。充分发挥云南特有的生物多样性战略资源优势，促进生命科学、生物技术、信息技术等高新技术与云南特色生物资源的结合，培育具有国际竞争力的现代生物产业。促进生物医药大健康产业发展，健全标准、做大品种、做强企业，提升中药（民族药）产业质量和效益，推动现代中药饮片、提取物、保健产品发展。着力推动新型疫苗和抗体药物等生物制品研发和产业化，鼓励发展化学仿制药，优化生物医药产业结构。依托昆明国家生物产业基地，加大基于基因资源、种质资源的开发利用，积极开拓大型哺乳实验动物新空间，积极培育基因检测和干细胞应用产业，推动远程医疗和精准医疗新业态发展。加快昆明市现代中药与民族药、新型疫苗与生物技术药国家新兴产业发展集聚区建设。大力开发主要农林动植物的高产、优质、多抗、高效新品种，重点推动水稻、玉米、马铃薯和猪、牛等动植物重大新品种的培育、扩繁与产业化。提升生物制造技术经济性，加强生物催化剂、酶制剂新产品的开发和产业化，推动微生物制造产业升级，培育生物基材料产业。重点打造销售收入过千亿元的生物医药产业。

二是新能源。推动太阳能多元化利用与规模发展，因地制宜发展生物质能，发展新能源技术综合应用的分布式能源微网，促进相关技术装备规模化持续发展。

三是新材料。面向航空航天、海洋装备制造，加快高性能钛合金、镍合金、锆合金、稀贵金属新材料开发；面向高铁，推进大长度高强高导铜合金接触线材料产业化；面向汽车制造，发展利于车身、发动机轻量化的高性能铝制件、塑料、陶瓷等新材料；面向健康产业，开发以钛合金为主的医疗器械和生物植入件材料；支撑生态文明先行示范区建设，加快发展稀贵金属催化材料和器件，培育稀贵金属资源高效回收及短流程制备，积极开发锗、薄膜等太阳能电池新材料以及新能源汽车动力电池和储能关键材料，推进高效节能铸铜转子电动机应用，加快水污染处理膜材料发展；支撑新一代信息技术产业发展，加快铂族、锗、铟等稀贵金属为基材的新型电子信息、半导体功能材料以及电子级多晶硅、蓝宝石衬底材料发展，提升红外和微光夜视材料和器件制造优势，推进适用于穿戴式智能设备的有机发光二极管（OLED）材料；支撑石油化工产业发展，加快发展高分子化工材料、陶瓷基复合材料、高强耐磨玻璃纤维等。

四是先进装备制造。立足产业优势，推进重点领域突破，加快重大矿冶成套设备发展，组织研发和实现具有深度感知、智慧决策、自动执行功能的高档数控机床和加工中心产业化。提升自动化物流、轨道交通和铁路养护、高原型电力装备、烟草制造、食品生产、中药提取、农林机械、大型铸锻件、模具制造等产业的智能化水平。积极培育新能源汽车、智能穿戴式设备等新兴制造业。适度发展汽车整车及零部件制造产业，积极开拓南亚、东南亚、西亚和中亚市场，打造销售收入过千亿元的汽车产业链。

五是电子信息和新一代信息技术。全面实施"云上云"行动计划，加快推进呈贡云南大数据中心、旅游数据中心及交易平台、林业大数据中心及交易平台等项目建设，推动政务云、旅游云、教育云、卫生云、科技云、产业云等一批示范云建设，建设面向南亚东南亚的离岸数据中心、超级计算中心，推进大数据开放共享，发展云计算、大数据产业。积极发展物联网、移动互联网、高端软件和信息服务等新技术产业。以军民融合发展提升壮大光电子产业，积极发展金融电子、新型显示器等电子信息制造业。培育面向南亚东南亚的信息通信设备、机器翻译、电子产品制造产业。加快云计算应用软件、行业应用软件、嵌入式软件、小语种软件、语言技术软件、工具软件的研发及产业化。实施信息消费工程，开展重点领域民生服务示范应用，深化民用空间基础设施建设，推进卫星遥感、通信、导航技术的综合应用以及空间技术及其他信息技术的融合应用。

六是节能环保。实施节能环保技术装备及产业化示范工程，积极培育节能环保龙头企业，建设1—3个技术先进、配套健全、发展规范的节能环保产业示范基地，加快节能环保技术研发、成果转化和产品推广应用，打造一批拥有知识产权和竞争力的装备和产品。

6. 加快发展现代服务业

全面实施加快发展现代服务业行动，创新体制机制，放宽市场准入，加强政策扶持，简化审批程序，高效贯彻落实服务业各类优惠政策，深入推进商事制度改革。促进生产性服务业专业化，提高生产性服务业对产业转型升级的支撑能力。提高生活性服务业品质，坚持规范化、便利化、精细化、品质化发展方向，不断扩大生活性服务业规模，更好地满足城乡居民消费扩大和消费升级的需求。

7. 生产性服务业发展重点

一是金融业。构建多层次、广覆盖、有差异的银行机构体系，着力加强对中小微企业、农村特别是贫困地区金融服务。进一步加大债券、股票融资力度，充分发挥期货、保险市场功能，加快建设与我省经济社会发展需要相匹配的多层次资本市场，提高直接融资比重。开发符合创新需求的金融服务，提高金融机构管理水平和服务质量，降低企业融资成本。以加快推进沿边金融综合改革试验区建设为契机，提高金融业对外开放水平，推动以昆明为中心，辐射南亚东南亚的区域性金融服务中心建设。到2020年，金融业增加值占GDP比重达到10%以上。

二是现代物流。加强重要物流节点、口岸、综合交通枢纽等物流、仓储基础设施和通道建设，加快推进昆明腾俊国际陆港、大理海东·滇西国际商贸物流基地、昆明长坡泛亚国际物流园区、磨憨国际物流园区、研和综合物流园区、河口国际物流园区、芒市国际物流园区、砚山现代物流园区、红河综合保税区等现代物流基地、示范园区等重大项目建设。加快发展第三方物流，培育壮大一批具有竞争力的现代物流企业。大力支持现代邮政快递服务工业品下乡和农产品进城，支持高原特色农业和电子商务发展。大力推进国际物流发展，加快机场、铁路、高等级公路、口岸、园区之间的连线和多式联运设施建设，强化集疏运服务功能，构建便捷、高效的跨境物流体系。加快昆明、红河、磨憨、瑞丽等地保税物流发展。加快物流信息化、装备现代化和标准化建设。完善城乡物流配送体系。

三是科技服务。加快发展研究开发、技术转移、检验检测认证、创业孵化、知识产权、科技咨询、科技金融、科学技术普及、综合科技服务等科技服务业，打造一批科技服务机构。集聚整合公共服务科技资源，引进和建设一批国家级科研机构、科技基础设施和科技服务平台。加强区域协作，重点加强与国内先进地区、南亚东南亚、发达国家的交流与合作，培育具有区域影响力的科技服务品牌。

四是信息服务业。大力培育呼叫中心外包、托管、设备租赁等业务；支持多语种翻译技术研发及产业化，发展多语种信息门户、社交平台、电商平台、浏览器、数字内容分发、机器翻译等信息服务产业；支持多语种音视频节目、动漫游戏、卫星导航、空间地理等信息内容开发。推动工业企业与软件提供商、信息服务提供商联合提升企业生产经营管理全过程的数字化水平。

五是商务服务业。重点发展企业管理服务、广告、商务咨询、会计审计、法律服务、人力资源服务等业态。着力打造产业集中、特色鲜明的服务外包聚集区，大力开拓面向南亚东南亚的服务外包市场。

六是会展业。重点打造"南博会"和"旅交会"，提升和打造"文博会、石博会、农博会、珠宝展、茶博会"5大专业会展，着力培育打造"药博会、民族商品交易会、绿色食品交易会、国际三七节、国际祖母绿文化节"等10个特色会展品牌，推动会展业加快发展。

8. 生活性服务业发展重点

一是旅游业。做大、做强、做精、做优滇西北香格拉里拉生态旅游区、滇西边境旅游区、滇西南澜沧江—湄公河国际旅游区、滇东南喀斯特山水文化旅游区、滇东北红土高原旅游区。加快建设昆玉红文化旅游产业经济带和金沙江沿江旅游经济带。推动观光型旅游向休闲、度假、康体、养生、养老等复合型旅游转变，建设一批休闲度假、温泉疗养、装备制造、自驾旅游、户外运动、边境跨境旅游等新业态。强化旅游景区景点规划，规范旅游市场秩序。探索发展"智慧旅游"、旅游电子商务、旅游中介服务。开发建设以商务旅游、休闲客栈、康体养生、文化体验、高山峡谷探险等为主要内容的高端旅游产品。打造丽江古城、"三江并流"、哈尼梯田等5大世界遗产地，建设西双版纳、阳宗海等5个国家级旅游度假区，20个省级旅游度假区，继续建设100个精品旅游景区，培育50个旅游节庆和演艺品牌，建设100个旅游城镇和旅游小镇。改善乡村旅游休闲基础设施，把乡村旅游打造成惠农富农的新兴产业。到 2020 年，旅游业实现总收入 8500 亿元，增加值占全省 GDP 比重达到 10% 以上。

云南轿子山

二是文化产业。加快发展文化创意和设计服务业、新闻传媒业、出版发行印刷业、歌舞演艺业、影视音像业、文化休闲娱乐业、文化信息传输业、"金木土石布"民族民间工艺品业、珠宝玉石业等文化产业。建设一批国家级或省级文化产业园区和基地，以及国家藏羌彝文化产业走廊。扶持一批小微文化企业，建设特色文化产业示范村（街区）。建成 20 个年产值上亿元的文化产业园区，培育 200 户主营业务收入上亿元的文化企业，培育 2—5 户在主板、创业板或新三板上市的龙头企业，促进云南文化产业的整体实力显著提升。到 2020 年，文化产业增加值占全省 GDP 比重达到 5% 以上。

三是健康服务业。大力发展医疗、护理、健康养老、健康保险、中医药医疗保健、健康体检和咨询、健康文化等健康服务。创建国家级（户外运动）体育产业园区，打造高高原区、高原区、亚高原区、低海拔区体育基地，优先建设昆明、丽江、普洱、富宁、会泽等 5 个高原体育基地，打造 20 个带动全民健身和体育旅游的品牌赛事，建设生态绿道体系和特色康体运动项目。到 2020 年，健康服务业总规模达到 2000 亿元以上。

四是商贸服务业。鼓励发展专业店、专卖店、会员店，大力发展便利店、中小超市、社区菜店等社区商业，规范发展住宿和餐饮业，推动传统商贸流通企业发展电子商务。

五是房地产业。化解房地产库存，发展住房租赁市场，发展依托城市新区、商务中心区、城市组团、特色商业区等载体的旅游地产、养老地产、商业地产等跨界地产项目，稳定房地产市场，促进房地产业健康发展。

9. 推动园区转型升级

优化园区布局和功能定位，努力把园区建成各具特色的产业要素的集聚区、企业技术创新基地、制造业中高端发展载体、对外开放和承接产业转移平台、工业化与信息化深度融合发展标杆区、资源高效利用和绿色发展示范区。高起点、高标准、高质量规划园区发展，促进主导产业向园区集中、承接产业向园区转移、关联产业在园区配套，推动园区经济发展。加快发展临空经济，把临空经济打造成为园区经济的新增长点。

10. 主动承接产业转移

坚持有选择性的产业承接导向，创新体制机制，优化产业承接环境，加大招商引资力度，构建开放型产业平台，吸引产业加速向云南转移。一是明确产业承接导向。抓住国际资本和产业转移的机遇，积极承接国际产业转移。不断拓展与泛珠三角、长三角、环渤海、京津冀和港澳台等区域协作，积极承接东部沿海发达地区产业转移。抓住国家"一带一路"建设机遇，积极承接开拓南亚、东南亚及西亚市场的产业；二是优化产业转移环境。

四、构筑现代基础设施网络

1. 构建内畅外通的综合交通运输体系

以发展畅通、快捷、安全、大容量、低成本交通运输为目标，加快"八出省、五出境"铁路骨架网、"七出省、五出境"高速公路主骨架网、广覆盖的航空网、"两出省、三出境"水运通道建设，构建与全面小康社会相适应、辐射南亚东南亚的综合交通运输体系。

一是构建内通外联的综合交通走廊。以铁路、高速公路为重点，全面打通出省出境通道，建设昆明—保山—腾冲猴桥通往缅甸和印度、昆明—临沧—孟定（清水河）通往缅甸、昆明—景洪—勐海（打洛）通往缅甸、昆明—思茅—澜沧—孟连（勐阿）通往缅甸、昆明—墨江—江城（勐康）通往老挝、昆明—文山—麻栗坡（天保）通往越南、昆明—蒙自—金平（金水河）通往越南、昆明—香格里拉通往西藏、昆明—昭阳—彝良—威信通往四川、昆明—大理—攀枝花通往四川和重庆，促进形成昆明—拉萨、昆明—水富、昆明—富宁、昆明—河口、昆明—瑞丽、昆明—磨憨和沿边七个交通走廊。

二是建设功能明晰的综合交通网络。建设广覆盖的基础运输网。构筑以航空为先导，干线铁路、高速公路为骨干，城际铁路、支线铁路、国省干线公路、水运为补充，农村公路畅通、城市公共交通设施完善、层次分明、功能明晰、覆盖广泛的基础运输网络。加强邮政基础设施建设，提升邮政普遍服务能力。建设高品质的快速运输网。加快推进上海—昆明、广州—昆明等高速铁路、高速公路云南段及昆明—玉溪、昆明—楚雄—大理高速铁路建设，尽早开工建设北京—昆明云南段高速铁路，畅通我省与华北、华中、华南、西北地区的联系。加快昆明长水机场国际航空枢纽建设，打造丽江、西双版纳区域性旅游枢纽机场，加快建设干线、支线、通用机场，形成以昆明长水机场为核心、干支线机场为支撑、通用机场为补充的机场体系。开辟连接国内外重点城市、重点旅游景区（景点）的联程航线和直达航线，重点开辟昆明—南亚、东南亚国际航线，逐步开辟欧洲、北美洲、澳洲、非洲的洲际航线，构建国际、国内、省内三级航线网络。强化机场属地政府对机场净空保护的主体责任。完善快递服务网络，推动配送网络延伸至乡村，大力发展便捷、高效快递服务。逐步建成专业化的货物运输网。推进交通基础设施、运输装备的标准化，以综合交通枢纽为载体，加强设施一体化和运营组织衔接，推进公铁、空铁联运。加快城际间货物快运、集装箱国际

云南昆明长水国际机场

联运，打通铁路货运国际通道。发展全货运航线航班，优化国际国内货运中转联程、联程联运和通关流程。建设高效便捷的城际轨道交通网和城市公共交通网。以轨道交通和高速公路为主，国省干线公路为辅，推进城市群内多层次城际轨道交通网络建设，建成六个城镇群城际交通网络。通过提高运输能力、提升服务水平、增强公共交通竞争力和吸引力，构建以公共交通为主

的城市机动化出行系统，同时改善步行、自行车出行条件。

三是打造一体化衔接的综合交通枢纽。按照"统一规划、同步建设、协调管理"的原则，建成集铁路、公路、机场、城市轨道交通等多种交通方式高度融合、顺畅衔接、高效集疏的综合性交通枢纽，实现各种运输方式在综合交通枢纽上的便捷换乘、高效换装。构建昆明内联外通、立体复合的全国性综合交通枢纽，加快建设曲靖、大理、红河等区域性综合交通枢纽，推动其他各类专业化的公路枢纽、铁路枢纽、航空枢纽、物流枢纽等加快发展。

四是推动交通运输服务智能绿色安全发展。实施交通"互联网＋"行动计划。建设多层次综合交通公共信息服务平台、票务平台、大数据中心，推进综合交通服务管理水平提高和智能化发展。切实推进低碳绿色交通系统建设。完善安全管理体制和制度，加强安全监管、安全设施投入和安全队伍建设，全面提高运输安全性和应急保障能力。加强省市县乡村道路交通安全防护设施建设。

2. 建设区域性国际化能源保障网

继续抓好以水能为主的清洁能源建设，加快建设高效安全电网，继续打造跨区域电力交换枢纽，构建云电云用、西电东送和云电外送协调的输电网络。依托中缅油气管道，以石油炼化基地支撑中缅原油管道的规模化，实现原油通道的常态化。加快省内天然气网络及场站建设，建成国家重要的跨区域能源互联互通枢纽。一是构建高效安全电网；二是建设跨区域电力交换枢纽，继续实施国家西电东送战略，积极推进东送输电通道建设；三是建成成品油输送体系；四是配套完善天然气基础管网。

金沙江上的阿海水电站

3. 构建高效节约的水网

深入实施"兴水强滇"战略,坚持水资源节约高效利用,统筹考虑区域之间、流域内外、地上地下水资源的供需平衡,推进供水安全保障网、城镇供水工程网、农村供水工程、农田灌溉渠系工程、污水处理网、智能化系统等建设,促进水资源的优化配置和高效利用。一是构建供水安全保障网;二是提高城乡供水保障能力;三是加快城镇污水处理设施建设;四是大力倡导全社会节约用水。

4. 建设高速共享的互联网

加快构建高速、移动、安全、泛在的新一代信息基础设施,优化信息基础设施布局,拓展万物互联、人机交互、天地一体的网络空间。一是加快"宽带云南"建设;二是建设国际通信枢纽和区域信息汇集中心;三是加强信息网络新技术应用;四是推进宽带网络提速降费。

五、加快推进新型城镇化

1. 加快农业转移人口市民化

建立健全农业转移人口市民化机制,加快推进农业转移人口和其他常住人口融入和落户城镇。到 2020 年,实现全省累计转户 500 万人左右,引导 250 万人在中小城镇就近就地城镇化,促进 150 万人在城镇稳定就业和生活的人落户城镇,推动 100 万人通过棚户区、城中村改造改善居住条件实现城镇化。一是全面深化户籍制度改革;二是建立健全农业转移人口市民化机制;三是积极推进国家新型城镇化综合试点;四是扩大基本公共服务覆盖面;五是探索行政区划改革。

2. 优化城镇化布局和形态

依据资源环境承载力、现有开发密度和未来发展潜力,尊重自然规律和城镇化发展规律,优化城镇空间布局和形态,引导城镇扩容升级。一是优化城镇空间布局;二是加快特色城镇和新型城市建设;三是积极推进产城融合发展。

3. 建设和谐宜居城镇

尊重城镇化发展规律,强化规划的统筹和引领作用,提高城镇建设和治理水平,建设具有云南特色、和谐宜居、充满活力的现代城镇。一是提高城乡规划编制的质量和水平;二是加强城镇基础设施建设;三是加强和创新城镇治理。

4. 推进美丽宜居乡村建设

推动城乡协调发展，健全农村投入长效机制，实现新房新村、绿化美化、宜居宜业。到 2020 年，全省建成 5000 个美丽宜居乡村典型示范村。一是调整优化村庄布局；二是改善农村人居环境；三是培育和谐文明新风尚。

5. 美丽宜居乡村建设"七大行动"

产业提升行动、村寨建设行动、环境整治行动、脱贫攻坚行动、公共服务行动、素质提升行动、乡村治理行动。

六、深入实施创新驱动发展战略

1. 充分发挥科技创新在全面创新中的引领作用

深入实施新一轮创新型云南行动计划，突出以生物产业等为重点的产业创新，塑造更多依靠创新驱动、更多发挥先发优势的引领型发展。一是发挥科技创新引领作用，以科技创新为核心，重点在现代生物产业领域强化原始创新，在装备制造、石油化工、新一代信息技术、节能环保、新能源、冶金和新材料等领域加强集成创新和引进消化吸收再创新，实现在创新驱动上的弯道超车。二是加快创新成果产业化。建立从实验研究、中试到生产全过程的科技创新模式，促进科技成果资本化、产业化。三是构建激励创新的体制机制。加快科技体制改革，形成创新活力竞相迸发，创新成果高效转化，创新价值充分体现的政策机制和体制框架。四是创新发展新模式。推进产业组织、商业模式、供应链、物流链创新，支持基于互联网的各类创新。

2. 推动大众创业万众创新

激发创业创新的活力和潜能，以创业带动就业、以创新促进发展，推动大众创业、万众创新，释放新需求，创造新供给，推动新技术、新产业、新业态蓬勃发展。一是建设创业创新公共服务平台，实施"双创"行动计划，构建低成本、便利化、全要素、开放式的服务平台。二是全面推进众创众包众扶众筹。全面推进众创，鼓励各类科技园、创业基地、农民工返乡创业园、创客空间等建设众创空间。积极推广众包。鼓励企业与研发机构等通过网络平台采用研发创意众包方式实现创意任务分发和用户创意征集。立体实施众扶，鼓励各类公益事业机构、创新平台和基地、高校和科研院所、行业协会、产业联盟等行业组织推动社会公共众扶。稳健发展众筹，鼓励消费电子、健康设备、特色农产品等创新产品以及符合有关内容管理要求的艺术、出版、影视等创意项目依法开展实物众筹。三是增强全民创新意识。

3. 建设高质量创新人才队伍

实施人才强省和人才优先发展战略，坚持人才发展与全面建成小康相协调，推进人才发展体制改革和政策创新，确保人才队伍的规模、素质、结构满足我省跨越式发展、与全国同步全面建成小康社会的需要。一是加强整体性人力资源开发，突出"高精尖缺"导向，实施重大人才工程；统筹推进各类人才队伍建设，努力培养一批高层次人才和优秀企业家队伍，加快培养一批学术和技术带头人队伍，现代产业人才队伍，专业技能人才队伍。盘活用好现有人才队伍，完善政策措施，积极营造拴心留人的环境，充分发挥本省人才的"智囊"作用。重视基层人才队伍建设。二是健全科研人才交流机制，优化人力资本配置，搭建各类人才创新创业平台，清除人才流动障碍，提高社会横向和纵向流动性。三是实施更开放的创新人才引进政策，更大力度引进急需紧缺人才。四是积极推动高等教育教学改革创新，加强教育与科技、经济、社会的结合，加快培养较大规模的富有创新精神、敢于积极投身实践的创新型人才。

七、创建全国民族团结进步示范区

1. 构筑各民族共有精神家园

广泛开展民族团结和爱国主义教育，引导各族干部群众倍加珍惜团结、自觉维护团结、不断加强团结。一是以各民族共同团结奋斗、共同繁荣发展为主题，深入开展民族团结进步教育、爱国主义教育、公民教育和世情、国情、省情教育；二是营造尊重少数民族文化、风俗习惯和宗教信仰的社会氛围，大力倡导各民族"各美其美、美人之美、美美与共"的民族文化发展观，促进各民族交往交流交融。

2. 推动民族地区加快发展

把民族地区发展融入全省发展大局中，不断增强民族地区自我发展能力，努力使民族地区经济增长速度和城乡居民收入增长幅度超过全省平均水平，确保与全省同步全面建成小康社会。一是优先解决基础设施瓶颈制约，把加大民族地区基础设施建设作为推动全省经济社会加快发展的着力点和增长点，力争民族自治地方、边境县固定资产投资年均增幅高于全省平均水平，确保到2020年民族地区基础设施建设达到全省总体水平。二是大力发展特色优势产业，支持民族地区把资源优势转化为经济优势，建立和完善扶持特色经济发展的资金平台和机制。重点扶持一批具有比较优势、门槛低、产业链长、附加值高、能够带动各族群众就业和增收致富的特色产业发展。三是改善提升各族群众生产生活条件，推进公共服务均等化，以整村、整乡、整县、整州推进和整族帮扶为平台，系统连片地改善到乡到村到户的基础设施和基本公共服务，推动水、电、路、气、房、环境整治"六到户"。

3. 弘扬和传承优秀民族文化

围绕民族文化强省建设，建立健全优秀民族民间文化弘扬和保护传承体系，丰富和发展云南民族文化的多样性，促进民族文化繁荣发展。一是坚持尊重差异、包容多样的民族文化观，强化云南民族文化的保护传承和合理利用，保护民族文化的多样性。二是扩大云南民族文化影响力，把传承弘扬优秀民族民间文化融入新型城镇化、新农村和美丽宜居乡村建设中，加强面向南亚东南亚人文交流中心和国际传播能力建设。

4. 建立健全维护民族团结的长效机制

依法维护民族团结、依法促进民族地区发展、依法保障各民族平等权益，全面构建党委领导、政府负责、部门协作、社会共建的民族工作格局。一是推动民族团结进步示范创建，以全面脱贫率先建成小康社会和以民族团结、宗教和顺实现跨越式发展为重点，继续实施"十县百乡千村万户示范创建工程"三年行动计划。二是推进宗教关系和顺，推进民族宗教立法工作，提高宗教部门依法行政能力，进一步修订完善民族宗教事务管理的地方性法规。三是创新民族工作机制，坚持和完善民族团结目标管理责任制，建立横向到边、纵向到底的网格化协调处理民族关系工作机制。四是加大城市和散居民族扶持。

5. 加快民族地区发展重大工程和行动计划

民族交往交流交融工程、扶持人口较少民族发展工程、民族文化"双百"工程、名人故旧居保护工程、面向南亚东南亚文化辐射设施工程、中国数字电视地面传输工程、对外翻译工程、民族文化遗产保护利用工程、民族特色村镇保护与发展工程、少数民族文字出版项目、"十县百乡千村万户"示范创建三年行动计划、和谐寺观教堂创建、民族地区基层组织和政权建设。

八、争当全国生态文明建设排头兵

1. 加快建设主体功能区

发挥主体功能区作为国土空间开发保护基础制度的作用，控制开发强度，调整空间结构，构建科学合理的生产空间、生活空间、生态空间。一是推动主体功能区布局基本形成，落实主体功能区规划，推动各地依据主体功能定位发展。二是以市县级行政区为单元，建立国土空间规划、用途管制、差异化绩效考核等构成的空间治理体系。

2. 筑牢生态安全屏障

加强生态保护与建设，全面提升生态系统功能，推进重点区域生态修复，扩大生态产品供给，巩固我国西南生态安全屏障。一是构建以青藏高原东南缘生态屏障、哀牢山—无量山生态屏障、南部边境生态屏障、滇东—滇东南喀斯特地带、干热河谷地带、高原湖泊区和其他点状分布的重要生态区为核心的"三屏两带一区多点"生态安全格局。二是深入推进"森林云南"建设，全力实施云南生态文明建设林业"十大行动"计划。三是提高湿地生态保护水平，建立完善全省湿地保护管理体系，以国际重要湿地、湿地类型自然保护区、国家重要湿地、省级重要湿地、国家湿地公园为重点，加强自然湿地保护力度。四是实施生物多样性保护重大工程，开展生物多样性观测站点建设，实施生物多样性保护、恢复与减贫示范，加强生物多样性监管基础能力建设。五是以六大水系、九大高原湖泊等为重点，加速推进以保持水土、护坡护岸、涵养水源为主要目的水生态保护。六是强化重点地区生态治理；七是保护和发展生态文化。

3. 加大环境治理力度

全面推进污染防治，深入实施大气、水、土壤污染防治行动计划，实行最严格的环境保护制度，强化排污者主体责任，形成政府、企业、公共共治的环境治理体系，实现环境质量的持续改善。一是实施大气污染防治行动，加快火电、钢铁、水泥、化工、有色金属冶炼等重点行业大气污染治理，切实改善大气环境质量。二是实施水污染防治行动，加强九大高原湖泊及重点流域水污染综合防治，实施地表水质达标行动，强化水功能区管理，严格入河（湖）排污口监督管理和入河（湖）排污总量控制和监测，切实改善水环境质量。三是推进土壤环境保护与综合治理，切实改善土壤环境质量。

4. 大力促进低碳循环发展

坚持绿色生产和生活方式，加强生产、流通、消费全过程资源节约，深入推动全社会节能减排，推动资源利用方式向集约高效转变，构建资源可持续利用体系。一是发挥节能与污染物减排的协同促进作用，加强重点用能单位和减排单位管理，持续推动重点领域节能减排。二是按照"减量化、再利用、资源化"的原则，加快构建循环型工业、农业、服务业体系，提高全社会资源产出率，大力发展循环经济。三是加强资源节约高效利用；四是积极应对气候变化；五是倡导勤俭节约的消费方式。

5. 加快生态文明制度建设

建立和完善生态文明制度体系，用制度引导、规范和约束各类开发、利用、保护自然资源的行为。一是健全自然资源资产产权制度和用途管制制度。二是加强资源环境生态红线管控。三是完善生态补偿制度和资源有偿使用制度。四是建立健全环境治理体系。五是完善生态文明绩效评价考核和责任追究制度。

九、建设我国面向南亚东南亚辐射中心

主动服务和融入国家"一带一路"发展战略，以南亚东南亚为重点方向，围绕政策沟通、设施联通、贸易畅通、资金融通、民心相通，全面提升开放合作的层次和水平，充分发挥我国与南亚东南亚双向开放重要门户的作用，提升服务内陆省（区、市）走向南亚东南亚的能力水平，建设我国面向南亚东南亚辐射中心。

1. 加快形成全面开放新格局

全面推进双向开放，促进通道完善畅通、国内国际生产要素有序流动、资源高效配置、市场深度融合。一是完善对外开放战略布局，坚持"深耕周边、拓展欧美、培育新兴市场、联动国内腹地"，推动形成外引内联、双向开放、通江达海、联通两洋、八面来风的全面开放新格局。二是推动周边互联互通，依托中国—中南半岛、孟中印缅经济走廊建设以及中国东盟自贸区、澜沧江—湄公河次区域经济合作，加快形成内连西南及东中部腹地、外接南亚东南亚的互联互通格局，强化双向开放的基础保障与支撑。三是加快对外贸易优化升级，推动外贸向优质优价、优进优出转变，推动一般贸易和加工贸易协同发展、货物贸易和服务贸易相互促进。四是围绕电力、装备制造、冶金、化工、建材、轻工及物流等重点领域，推进国际产能和装备制造合作。

2. 着力建设区域性国际经济贸易中心

依托独特的区位优势，良好的交通物流综合配套设施和口岸，以及与周边国家传统的经贸基础，联动国内长三角、珠三角和成渝经济圈等发达地区市场，积极拓展与南亚东南亚乃至非洲和欧美的经济贸易往来，深化与香港、澳门和台湾地区的经贸合作，构建形成区域商贸要素高度聚合、商贸环境开放宽松、服务业高度发达的我国面向南亚东南亚的区域性国际经济贸易中心。到2020年，外贸进出口总额达500亿美元。

3. 着力打造区域性科技创新中心

深入实施创新驱动发展战略，牢牢把握科技进步大方向、产业变革大趋势，以科技为切入点，通过创新驱动、深化改革、产业转型，在战略性新兴产业和区域特色优势领域实现重大突破，成为科技创新有效支撑产业转型升级的示范区。构建科技基础设施体系和统一开放的公共服务平台，形成国内外具有影响力的区域性科技创新中心，为建设面向南亚东南亚辐射中心提供强劲动力。

4. 着力打造区域性金融服务中心

以金融市场体系建设为核心，不断拓展金融市场广度和深度，丰富金融市场产品和工具，推进金融市场对外开放。着力推进金融改革开放创新先行先试，着力营造良好的金融发展环境，形成具有较强创新和服务功能的金融机构体系，为建设面向南亚东南亚辐射中心提供强劲支撑。

5. 着力打造区域性人文交流中心

发挥云南边疆地域、民族文化、宗教文化、历史文化资源等优势，密切与周边华侨华人的联系，厚植与南亚东南亚合作的社会基础，积极开展与周边各国、欧美日韩友城间的高层互访、民间交流等活动，强化人脉资源建设，筑牢民间友好基础。着力扶持一批创新性发展的特色文化企业，一批文化科技含量和附加值高的特色文化企业，一批具有较强国际竞争力、传播力和影响力的特色文化品牌和时尚文化精品，推动云南成为面向南亚东南亚文化融合发展的区域性人文交流中心。

6. 健全开放合作体制机制

加快构建沿边开放型经济新体制，加速培育提升营商环境、规则标准、合作机制、开放平台等综合竞争优势。一是完善法治化、国际化、便利化营商环境，健全有利于开放合作、共赢发展并契合周边实际、与国际贸易投资规则相适应的体制机制，强化对外开放服务保障。二是深化经济、政治、社会、文化等各方面对外交往，健全政府、社会、企业等各层次间交流合作，完善多领域交流合作渠道，形成多双边并重、宽领域覆盖、多层次参与、全方位推进的对外交流合作新机制。三是提升开放合作功能区发展水平，打造开放合作综合性平台和复合性载体。

十、坚决打赢脱贫攻坚战

充分发挥政治优势和制度优势，把脱贫攻坚作为发展头等大事和第一民生工程，立下军令状，采取硬措施，深入推进"63686"行动计划，坚决打赢脱贫攻坚战，确保全省471万农村贫困人口如期实现脱贫、88个贫困县全部摘帽，476个贫困乡镇、4277个贫困村出列，解决区域性整体贫困。

1. 推进片区扶贫攻坚

完善片区联系协调机制，实施乌蒙山、石漠化、滇西边境、迪庆藏区等4个集中连片特困地区区域发展与脱贫攻坚规划，扩大基础设施覆盖面，推进基本公共服务均等化，发展特色优势产业，强化生态环境保护。打好怒江州脱贫攻坚战，继续实施红河州南部山区综合扶贫开发、宁蒗脱贫攻坚大会战，扶持8个人口较少民族整体脱贫。全面落实左右江革命老区振兴发展规划，继续实施"镇彝威"革命老区精准扶贫精准脱贫三年行动计划，继续实施以工代赈专项扶贫工程，推进"红色乡村、幸福家园"建设。大力实施兴边富民工程，完善边民补贴机制，深入实施改善沿边群众生产生活条件三年行动计划。分批实施349个整乡推进、3940个整村推进，实现所有贫困乡、贫困村整乡整村推进全覆盖，实现脱贫摘帽出列目标。

2. 深入实施精准扶贫

瞄准建档立卡贫困人口，因乡因族制宜、因村因户施策，做到扶持对象精准、项目安排精准、资金使用精准、措施到户精准、因村派人精准、脱贫成效精准。通过产业扶持、转移就业、易地搬迁、教育支持、医疗救助、社保政策兜底等途径实现我省农村贫困人口如期脱贫。对具有劳动能力、有耕地或其他资源的贫困人口，加大产业扶贫力度，通过因地制宜发展特色产业实现脱贫。对有劳动能力但受制于当地发展条件的贫困人口，加大就业帮扶力度，通过就地转移就业或外出务工实现稳定脱贫。对居住在生存条件恶劣、生态环境脆弱、自然灾害频发等"一方水土养不起一方人"地区的农村贫困人口，实施易地扶贫搬迁，做到实施一个项目、安置一方群众、实现一方脱贫。对居住在生态脆弱或生态保护区、但不具备搬迁条件的贫困人口，结合生态保护修复工程实施和生态保护补偿机制的建立，发展绿色经济，探索生态脱贫新路子。加快实施教育扶贫工程，让贫困地区的孩子享受到更加公平的优质教育，阻断贫困代际传递。教育经费向贫困地区、基础教育倾斜，加快贫困地区城乡义务教育公办学校标准化建设，普及高中阶段教育。职业教育资源向贫困地区、贫困家庭倾斜。对因病致贫、因病返贫的贫困农户，通过新型农村合作医疗、城乡居民大病保险、医疗救助"三重医疗保障"和扶持发展生产、劳务输出实现脱贫。对完全或部分丧失劳动能力、无法依靠产业扶持和就业帮助脱贫的家庭，全部纳入最低生活保障，通过社会保障实施政策性兜底扶贫。

3. 完善扶贫开发机制

完善扶贫开发机制，坚持政府主导、群众主体、市场协同，实行超常规施策、综合施策，构建政府、市场、社会良性互动，专项扶贫、行业扶贫、社会扶贫互为补充的大扶贫格局。健全完善扶贫资源资金整合机制、健全完善社会参与机制、探索资产收益扶贫机制、健全完善驻村帮扶机制、健全完善考核激励机制、健全完善退出约束机制。

十一、构建跨越式发展新体制

1. 深化供给侧结构性改革

坚持需求引导，供给创新，在适度扩大总需求的基础上，着力加强供给侧结构性改革，通过"去产能、去库存、去杠杆、降成本、补短板"等途径，充分释放市场主体活力和内部增长潜能，提高供给体系质量和效率，实现供给需求在经济发展新常态下的调整、对接和更高水平的平衡。

2. 深化行政管理体制改革

推动政府职能转变，协同推进简政放权、放管结合、优化服务，提高政府效能，激发市场活力和社会创造力。一是深化行政审批制度改革。二是推进政府机构改革。三是建立政府权责清单制度。

3. 加快产权制度改革

健全归属清晰、权责明确、保护严格、流转顺畅的现代产权制度，推进产权保护法治化，依法保护各种所有制经济主体财产权和合法权益。一是健全产权"三公"交易制度。二是规范国有企业产权交易及资产处置。三是依法加大产权保护力度。

4. 推进国有企业改革

以市场为导向，以企业为主体，重组整合一批、创新发展一批、清理退出一批国有企业，大力推进国有企业改革。一是健全国有企业现代企业制度。二是分类实施国有企业改革。三是完善国有资产管理体制。

5. 培育完善现代市场体系

加快形成统一开放、竞争有序的市场体系，建立公平竞争保障机制，打破地域分割和行业垄断，促进要素自由有序流动、平等交换，提高要素市场化配置效率。一是加快培育市场主体。二是鼓励非公有制企业发展。三是规范有序发展混合所有制经济。四是完善主要由市场决定价格的机制。五是深化电力体制改革。六是建立城乡统一的建设用地市场。

6. 深化财税体制改革

按照"完善立法、明确事权、改革税制、稳定税负、透明预算、提高效率"的基本思路，全面深化财税体制改革，努力建设统一完整、法治规范、公开透明、运行高效，有利于优化资源配置、维护市场统一、促进社会公平、推动可持续发展的现代财政制度。一是健全现代预算制度。二是完善税收制度。三是健全事权与支出责任相适应的制度。

7. 深化投融资体制改革

加快构建市场引导投资、企业自主决策、融资方式多样、中介服务规范、政府宏观调控有效的新型投融资体制。一是规范政府投资行为。二是增加有效投资。三是扩大社会投资。四是建立健全多层次资本市场体系；五是深化金融体制改革。

8. 提升省域宏观调控能力和水平

充分发挥战略和规划的引导约束作用，综合运用财政、产业、价格等经济、法律手段和必要的行政手段，引导市场主体预期，促进宏观经济平稳运行和经济结构优化升级，提升省域宏观调控能力和水平。

十二、促进文化繁荣发展

1. 全面提高公民文明素质

加强中国特色社会主义和中国梦的宣传教育，大力弘扬社会主义核心价值观，以德育人、以文化人，全面提升公民文化素质和全社会文明程度。一是弘扬社会主义核心价值观，在全省深入开展理想信念宣传教育，使中国梦和社会主义核心价值观更加深入人心，用中国梦和社会主义核心价值观凝聚共识。二是推进哲学社会科学繁荣发展。三是牢牢把握正确舆论导向。

2. 构建现代公共文化服务体系

适应群众文化需求新变化新要求，弘扬主旋律，提倡多样化，增强公共文化产品和服务供给，使人民群众基本文化权益得到更好保障，精神文化产品和社会文化生活更加丰富多彩。一是推动基本公共文化服务均等化。二是创新公共文化服务方式。三是推进公共文化服务数字化。

3. 繁荣文化产品创作生产

一是实施文化精品战略。用社会主义核心价值观引领文艺创作，把爱国主义作为文艺创作主旋律，聚焦中国梦这个时代主题，弘扬云南少数民族文化这一中华民族文化的重要瑰宝，推动创作生产更多有特色，思想性、艺术性、观赏性有机统一的优秀文化产品。二是推进群众文化全面繁荣。充分尊重人民群众主体地位和首创精神，使蕴藏于群众中的文化创造活力充分迸发。健全群众文艺工作网络，发挥基层文艺协会、文艺组织、文化单位在群众文艺创作和文化服务中的引领作用。三是引领网络文化健康发展。

4. 激发文化创造活力

坚持把社会效益放在首位、社会效益和经济效益相统一，以激发文化创造活力为中心环节，进一步深化文化体制改革。一是加快文化企业现代企业制度建设。二是深化公益性文化事业单位改革。三是推动文化行政管理体制改革。四是建立健全现代文化市场体系。

十三、全面推进"幸福云南"建设

1. 促进就业创业

实施创业促进就业工程，突出抓好大学生、农民工、困难企业和产能过剩企业下岗职工等重点群体的就业工作，创造更多的就业岗位，完善创业扶持政策，鼓励以创业带动就业。一是以创业带动就业。二是完善公共就业服务体系。三是推行终身职业技能培训制度。四是建立和谐劳动关系。

2. 提高城乡居民收入

坚持居民收入增幅高于经济增长速度，劳动报酬增长和劳动生产率提高同步，规范初次分配，加大再分配调节力度，持续增加城乡居民收入。一是提高劳动报酬。二是加强收入分配调节。

3. 健全社会保障体系

坚持全民覆盖、保障适度、权责清晰、运行高效的发展方向，实施社保扩面提标工程，稳步提高社会保障统筹层次和水平，建立健全更加公平、更可持续的社会保障体系。一是完善社会保险体系。二是构建新型社会救助体系。三是加快社会福利事业发展。四是推进保障性住房建设。

4. 提升教育发展水平

全面贯彻党的教育方针，坚持教育优先发展，实施教育提质惠民工程，加快完善现代教育体系，促进教育公平，全面提高教育质量和水平。一是加快基本公共教育均衡发展。二是建设现代职业教育体系。三是提高高等教育质量和开放合作水平。

5. 推进健康云南建设

建立健全基本医疗卫生制度，实现人人享有基本医疗卫生服务，促进人口均衡发展，大力发展中医药和体育事业，提高全民健康水平。一是完善公共卫生服务体系。二是健全医疗卫生服务体系。三是大力发展中医事业。四是促进人口均衡发展。五是加快发展体育事业。

6. 推动社会事业改革创新

推进社会事业改革，完善公共服务体系，构建有利于基本公共服务均等化的体制机制。一是健全促进就业的体制机制。二是完善覆盖城乡的社会保障制度。三是深化教育领域综合改革。四是深化医药卫生体制改革。五是建立健全基本公共服务体系。

十四、提升民主法治和社会治理水平

1. 坚持党的领导核心作用

坚持党总揽全局、协调各方，发挥各级党委（党组）在经济工作中的领导核心作用。发挥基层党组织战斗堡垒作用和党员先锋模范作用，更好带领群众全面建成小康社会。注重发挥工会、共青团、妇联、文联等群团组织的作用，巩固和发展最广泛的爱国统一战线，全面落实党的知识分子、民族、宗教、侨务等政策，充分发挥民主党派、工商联和无党派人士作用，最大限度凝聚全社会共识和力量，推进改革发展，维护社会稳定。

2. 推进社会主义政治文明建设

坚持和完善人民代表大会制度、中国共产党领导的多党合作和政治协商制度、民族区域自治制度以及基层群众自治制度，扩大公民有序的政治参与。一是发挥人民代表大会制度的根本政治制度作用。二是加强协商民主制度建设。三是发展基层民主。四是加强反腐倡廉建设。五是推进军民深度融合发展。

3. 推进法治云南建设

同步推进依法治省、依法执政和依法行政，强力推动法治云南、法治政府、法治社会一体建设，为我省深化改革、推动发展提供坚强的法治保障。一是推进科学立法。二是推进依法行政。三是保证公正司法。四是推动全民守法。

4. 加强社会治理

围绕推进社会治理体系和治理能力现代化，扎实推进社会治理体制创新，加快形成党委领导、政府主导、社会协同、公众参与、法治保障的社会治理体制。一是完善社会治理体系。二是改进和创新社会治理。三是激发社会组织活力。四是有效预防和化解社会矛盾。五是完善社会信用体系建设。六是推进社会治安综合治理。七是加强边境治理。

5. 健全公共安全保障体系

牢固树立安全发展观念，坚持人民利益至上，加强安全意识教育，健全公共安全体系，为人民安居乐业、社会安定有序，编织全方位立体化的公共安全网，建设平安云南。一是强化公共安全预警监管。二是提高防灾减灾和综合处置能力。

第八章　战略省情——三大定位

第一节　云南"十三五"发展愿景

　　1978 年，党的十一届三中全会开启了中国改革开放的历史新时期。近 40 年来，从农村改革到城市改革，从国有企业改革到宏观管理体制改革，从所有制改革到分配制度改革，从社会主义市场经济体制改革目标的确立到在实践中的深入推进，从经济领域改革到"五位一体"和"四个全面"的战略布局，在中国大地上描绘了一幅波澜壮阔的历史画卷，奏响了一曲气壮山河的恢弘乐章。同全国一样，改革开放近 40 年来，云南也发生了历史性的变化：经济发展、社会进步、文化繁荣、民族团结、边境安宁、人民生活实现由温饱不足到总体小康的历史性跨越。

中国—东盟交流合作频繁

今天，4700万云南各族人民，紧紧围绕习近平总书记对云南的战略定位、殚精竭虑、攻坚克难，决战脱贫攻坚，走在同步全面小康的路上。回首昨日，成绩斐然，展望未来，信心满怀。

一、"十三五"规划关于云南发展愿景

"十三五"时期是云南省深入贯彻落实习近平总书记考察云南重要讲话精神、闯出跨越式发展路子的关键阶段，是与全国同步全面建成小康社会的决胜阶段。伴随着云南"十二五"坚实而厚重的脚步，云南又迈上了"十三五"的新征程。在回眸中感受发展的喜悦，在展望中坚定发展的信念，在倾听中关注民生的愿景，云南经济社会的发展在承上启下中奏响了创新、协调、绿色、开放、共享发展的主旋律。因此，在"十三五"规划纲要中，云南省委省政府将"十三五"的发展目标定为：紧紧围绕与全国同步全面建成小康社会和全国民族团结进步示范区、生态文明建设排头兵、面向南亚东南亚辐射中心建设，努力实现经济保持中高速增长、产业结构迈向中高端、基础设施网络日趋完善、农村贫困人口如期脱贫、创新驱动发展能力明显提升、各族人民生活水平和质量普遍提高、公民素质和社会文明程度实现新提升、开放型经济建设取得明显成效、生态建设和环境保护实现新突破、各方面制度建设实现新进展等新的目标要求，推动跨越式发展。

二、省委第十次党代会关于云南发展愿景

大业骏开新起点，征程如虹马加鞭。省委第十次党代会明确提出，云南经济要发展，优势在区位，出路在开放。随着国家"一带一路"建设、长江经济带和孟中印缅经济走廊、中国—中南半岛国际经济走廊等重大战略的深入实施，云南省的战略地位更加凸显，为我们带来了历史性发展机遇，增强了巨大发展动力。云南独特的区位优势、资源优势、开放优势，展现出广阔发展空间和强大发展势能。这是在新的历史起点上，省委科学谋划云南未来发展作出的重大判断，我们必须承担起这个历史责任，进一步强化不进则退，慢进就是退的忧患意识，立赶超之志，鼓奋进之气，创跨越之业，努力把党代会精神转化为奋力赶超，推动跨越的生动实践。因此，省委第十次党代会对云南的未来提出了新的愿景：深刻认清时代背景，准确把握历史方位，牢牢铭记使命担当，紧扣"两个一百年"发展目标，更加自觉地在国际国内两个大局中科学谋划云南新发展，更加主动服务和融入国家发展战略，奋力开创跨越式发展新局面，坚决夺取全面建成小康社会新胜利。

第二节　云南发展新战略

2015 年新年伊始，1 月 19 日至 21 日，中共中央总书记、国家主席、中央军委主席习近平深入我省昭通、大理、昆明等地，看望鲁甸地震灾区干部群众，亲切会见贡山县少数民族代表，深入企业、工地、乡村考察，就灾后恢复重建和经济社会发展情况进行调研，并作出了一系列重要指示。这是云南发展史上具有里程碑意义的一件大事，既充分体现了习近平总书记对云南人民的深情牵挂，又充分体现了党中央和习近平总书记对云南的高度重视、对云南各族人民的深切关怀、对云南工作的大力支持，为云南在新的历史起点上推进跨越式发展指明了前进方向、注入了强大动力。习近平总书记在讲话中，充分肯定了近年来特别是党的十八大以来，云南认真贯彻党中央决策部署，扎实推进面向西南开放重要桥头堡建设的主要成效，同时指出，云南要主动服务和融入国家发展战略，闯出一条跨越式发展的路子来，努力成为我国民族团结进步示范区、生态文明建设排头兵、面向南亚东南亚辐射中心，谱写好中国梦的云南篇章。

习近平总书记对云南的"三大定位"是云南在新的历史起点上的新的发展战略，正统领云南迈向新征程。

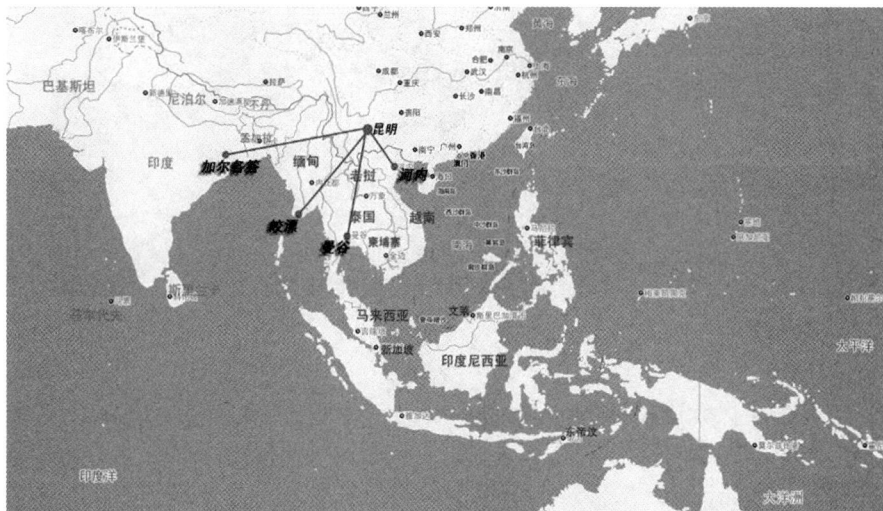

建设面向南亚东南亚辐射中心

一、建设民族团结进步示范区[1]

（一）总体思路

1. 指导思想

深入贯彻落实习近平总书记系列重要讲话和考察云南重要讲话精神以及中央民族工作会议精神，紧紧围绕统筹推进"五位一体"总体布局和协调推进"四个全面"战略布局，牢固树立创新、协调、绿色、开放、共享的发展理念，牢牢把握"中华民族一家亲，同心共筑中国梦"的目标任务，把发展作为解决民族地区各种问题的总钥匙，不断打牢民族团结进步的物质基础，提高民族工作法治化水平，促进各民族交往交流交融，构建各民族共有精神家园，把云南建设成为我国民族团结进步示范区。

2. 基本原则

（1）打牢民族团结进步的思想基础。坚持"在云南，不谋民族工作就不足以谋全局"的指导思想和"各民族都是一家人，一家人都要过上好日子"的信念，坚定不移走中国特色解决民族问题的正确道路。

云南玉溪农村新社区

（2）打牢民族团结进步的发展基础。坚持"决不让一个兄弟民族掉队，决不让一个民族地区落伍"的承诺，以共同发展促进民族团结，以边疆繁荣

---

[1] 内容摘自《云南省建设我国民族团结进步示范区规划（2016—2020 年）》

促进边疆稳定。

（3）打牢民族团结进步的制度基础。坚持全面贯彻落实民族区域自治制度，健全完善民族宗教工作法治化体系，依法保障民族团结进步，依法维护各族群众合法权益，依法协调民族关系和宗教关系。

（4）打牢民族团结进步的社会基础。坚持促进各民族和睦相处、和衷共济、和谐发展，相知相亲相惜、交往交流交融，构筑各民族共有精神家园，构建同呼吸、共命运、心连心的中华民族共同体。

3. 主要目标

到 2020 年，通过着力补齐少数民族和民族地区全面建成小康社会的短板、着力增强少数民族和民族地区跨越式发展的动力、着力促进民族团结和宗教和谐，实现全面小康同步、公共服务同质、法治保障同权、精神家园同建、社会和谐同创，在民生持续改善、发展动力增强、民族教育促进、民族文化繁荣、民族团结创建、民族事务治理等 6 个方面作出示范，努力建成我国民族团结进步示范区。

（二）主要任务

坚持民族因素与区域因素相结合，坚持释放政策动力与激发内生潜力相结合，瞄准示范区建设过程中的重点领域、短板问题和特殊困难，明确责任、合力推进，实施 6 项工程、30 个项目。

1. 民生持续改善工程

坚决打赢脱贫攻坚战，加快民族地区基础设施建设，推进基本公共服务均等化，更加注重补齐发展短板，持续增加民生福祉，使各族人民共享发展成果，有实实在在的获得感。一是如期实现民族地区全面脱贫；二是持续改善沿边群众生产生活条件；三是加快民族地区基础设施建设；四是提升改善农村人居环境；五是提升医疗卫生条件和服务水平；六是实施人口较少民族和边民保险保障；七是保护

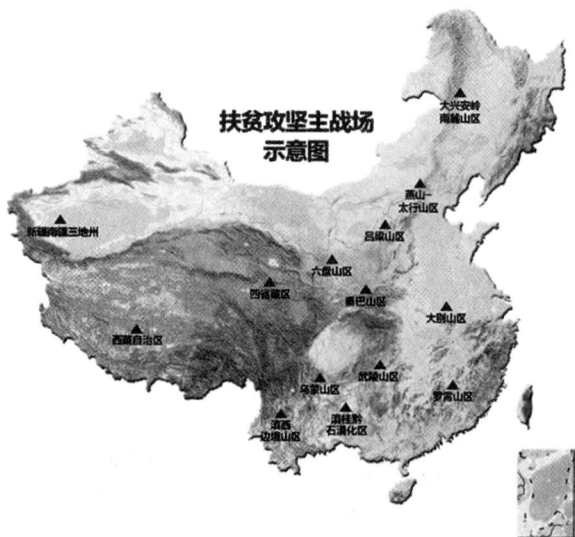

扶贫攻坚主战场示意图

和改善生态环境。

2. 发展动力增强工程

发挥民族地区比较优势，以科技创新为动力，围绕八大重点产业，培育壮大民族地区特色优势产业，改造提升传统产业；加快城镇化进程，构建对外开放新格局，在增长方式转变、结构调整、动力转换等方面实现突破，增强民族地区内生发展动力。一是发展特色优势产业；二是推进新型城镇化建设；三是提高科技创新能力；四是加快沿边开发开放。

金沙江河谷油橄榄种植基地

3. 民族教育促进工程

坚持民族教育优先发展，推进民族教育现代化，积极开展双语教育，全面提高教育质量，促进教育公平，共享优质资源，提高各族群众科学文化素质，提升各族群众就业创业能力。一是推进学前免费教育；二是改造义务教育薄弱学校；三是提升中等教育水平；四是发展民族高等教育；五是普及国家通用语言教育。

4. 民族文化繁荣工程

提升民族文化软实力，保护、传承和开发优秀民族文化，推进民族文化创造性转化和创新性发展，使各民族文化繁荣发展的过程成为各民族相知相亲相惜的过程，成为民族团结的润滑剂、催化剂、黏合剂，形成中华民族共有精神家园和共同体意识。一是加强民族文化公共设施和服务体系建设；二是加强民族文化传承保护和创新开发；三是推进民族文化"双百"工程建设；四是开展民族文化校园传承；五是推进民族文艺体育发展；六是加快民族文化传播能力建设。

5. 民族团结创建工程

深入开展民族团结进步创建和宣传教育活动，营造民族团结好氛围、聚集民族团结正能量，维护宗教领域和谐稳定，促进各民族和睦相处、和衷共济、和谐发展。一是加强民族团结进步创建活动；二是推进民族团结宣传教育；三是促进宗教和谐和顺；四是开展民族宗教领域交往交流。

6. 民族事务治理工程

加强党对民族工作的领导，培养高素质少数民族人才队伍，完善民族工作服务管理体系，推进民族工作法治化，创新民族宗教理论研究，全面提高民族事务治理能力和水平。一是培养高素质少数民族人才队伍；二是完善民族工作服务管理体系；三是提升民族宗教事务法治化水平；四是构建民族宗教理论研究体系。

二、生态文明建设排头兵[①]

（一）指导思想

以邓小平理论、"三个代表"重要思想、科学发展观为指导，全面贯彻党的十八大和十八届三中、四中、五中、六中全会精神，深入贯彻习近平总书记系列重要讲话和考察云南重要讲话精神，紧紧围绕"五位一体"总体布局和"四个全面"战略布局，牢固树立创新、协调、绿色、开放、共享的发展理念，坚持节约资源和保护环境的基本国策，坚持生态优先、绿色发展，以建设生态文明先行示范区为抓手，以正确处理人与自然的关系为核心，以解决生态环境领域突出问题为导向，以绿色循环低碳发展为途径，以制度创新为动力，以重点工程为依托，加快形成节约资源和保护环境的空间格局、产业结构、生产方式、生活方式和价值理念，努力建设天更蓝地更绿水更净空气更清新的美丽云南，努力成为全国生态文明建设排头兵。

（二）建设目标

到2020年，发展质量和效益明显提升，发展方式实现重大转变，产业结构更趋合理，资源利用效率进一步提升，能源和水资源消耗、建设用地、碳排放强度持续下降，资源节约型和环境友好型社会建设取得重大进展，可再

---

① 摘自《云南省生态文明建设排头兵规划（2016—2020）》

生能源利用率居全国前列；国土空间开发格局更加优化，符合主体功能定位的空间开发格局全面形成，空间治理体系基本建立；划定并严守生态保护红线，森林覆盖率和蓄积量持续保持全国前列，生物多样丰度保持稳定，湿地面积不断增加，湿地功能增强，生态系统功能全面提升，国家生态安全屏障进一步巩固，筑牢生态安全屏障；城市空气质量优良率保持全国领先，以六大水系和九大高原湖泊为主的水环境质量得到明显改善，土壤环境质量总体保持稳定，主要污染物排放总量持续减少，生态环境质量保持优良；生态文明建设制度体系逐步健全，生态文明主流价值观更加深入人心，生态文明先行示范区建设取得显著成效。

（三）主要任务

1. 优化国土空间开发格局

发挥主体功能区作为国土空间开发保护基础制度的作用，以主体功能区规划统筹各类空间性规划，建立健全空间治理体系，科学合理布局和整治生产空间、生活空间、生态空间，提高空间利用效率，加快形成人与自然和谐共生的空间格局。要推动各地严格依据主体功能定位发展，着力构建空间治理体系；推进绿色城镇化，实施城市"四治三改一拆一增"行动，实施"七改三清"农村环境整治综合行动，不断改善城乡人居环境。

2. 加快产业绿色转型发展

贯彻落实"中国制造2025"云南行动计划，加快构建科技含量高、资源消耗低、环境污染少的产业结构，积极构建循环型产业体系，推动生产方式绿色化、生产过程清洁化，大幅提高经济绿色化程度，不断提高发展的质量和效益。积极化解过剩产能、改造提升传统产业、加快培育八大重点产业，促进结构优化调整；大力发展节能环保产业、清洁能源产业，鼓励开发绿色产品，提高经济绿色化程度；大力发展循环经济，促进工业、农业和服务业循环发展。

3. 促进资源节约集约利用

加强生产、流通、消费全过程资源节约，推动资源利用方式向集约高效转变，构建资源可持续利用体系。实施全民节能、节水行动，加强工业节能增效，推动建筑、交通运输、公共机构节能和主要污染物减排；推进水、土地和矿产等资源节约集约利用，到2020年，全省用水总量控制在215亿立方米以内，单位国内生产总值建设用地使用面积下降20%，矿产资源综合利用率达到40%以上。促进再利用和资源化，到2020年，农业秸秆综合利用率达到85%，工业固体废弃物综合利用率达到56%。

4. 筑牢国家生态安全屏障

建设以青藏高原东南缘生态屏障、哀牢山—无量山生态屏障、南部边境生态屏障、滇东—滇东南喀斯特地带、干热河谷地带、高原湖泊区和其他点块状分布的重要生态区域为核心的"三屏两带一区多点"生态安全屏障，划定并严守生态保护红线。全面提升森林、湿地、草原、农田、水域等自然生态系统功能，加大生物多样性保护力度，推进重点地区生态治理，加强防灾减灾体系建设，积极应对气候变化。到2020年，全省森林覆盖率达到60%，森林蓄积量达到19.01亿立方米，自然湿地保护率达到45%，草原综合植被覆盖度达96.22%。

5. 推动环境质量全面改善

以改善环境质量为主线，以保障生态环境安全为底线，统筹污染治理、总量减排和环境风险管控，打好水、土壤、大气污染防治三大战役，构建环境安全防控体系，提高环境安全水平。全面落实水污染防治行动计划，到2020年，水环境质量得到阶段性改善，六大水系优良水体稳中向好；实施大气污染防治行动计划，稳定并提升大气环境质量；落实土壤污染防治行动计划，改善土壤环境质量。强化环境风险防范，提高涉重、涉危污染物风险防范能力。

6. 培育生态文明良好风尚

倡导尊重自然、顺应自然、保护自然的生态文明理念，提高全民生态文明意识，弘扬云南各少数民族长期与自然相依相存中形成的优秀传统生态文化，鼓励公众积极参与，实现生活方式绿色化。

云南丽江白水台

7. 建立生态文明制度体系

贯彻落实《中共云南省委 云南省人民政府关于贯彻落实生态文明体制改革总体方案的实施意见》（云发〔2016〕22号），积极探索建立有利于实现生态文明领域国家治理体系和治理能力现代化的制度，加快构建产权清晰、多元参与、激励约束并重、系统完整的生态文明制度体系，用制度引导、规范和约束各类开发、利用、保护自然资源的行为。

三、建设面向南亚东南亚辐射中心

（一）内涵

云南地处中国经济圈、东南亚经济圈和南亚经济圈的结合部，是中国连接南亚东南亚的国际大通道，拥有面向三亚（东南亚、南亚、西亚）、肩挑两洋（太平洋、印度洋）、通江达海沿边的独特区位优势。云南建设面向南亚东南亚辐射中心的内涵是：充分发挥云南面向南亚东南亚的区位优势，广泛汇集国内外资源，以开放、发展、合作、共赢为主题，以政策沟通、设施联通、贸易畅通、资金融通、民心相通为重点，深入推进内外联动、东西双向开放，打造区域经济中心、区域综合交通枢纽、国际经贸合作基地、区域人文交流中心，使云南成为中国对南亚东南亚国家产生较强影响力、辐射力、带动力的沿边开放新高地。其丰富的内涵和意义具体体现在如下几个方面①：

1. 它是发挥云南区位优势、促进跨越发展的新目标。云南是中国连接三亚（东亚、东南亚、南亚）、肩挑两洋（太平洋、印度洋）及陆路进入印度洋最便捷的省份，最大的优势是区位优势。建设面向南亚东南亚的辐射中心是国家充分发挥云南区位优势的新目标，也是促进云南打造"一带一路"战略支点、建设沿边开放新高地、推进跨越式发展的新路子。

2. 它是推进云南深化改革、全方位开放的新举措。进一步加快改革、扩大开放是新时期中国及云南调结构、稳增长、促均衡的重要举措。而建设面向南亚东南亚的辐射中心，包括了经济辐射、交通辐射、文化辐射、发展模式辐射等，是促进云南全方位开放的新举措。既涵盖了加快硬件（如经济、投资、交通、科技等）建设、进行"硬辐射"方面的内容，又包括推进文化、旅游、教育等领域合作、进行"软辐射"方面的内容。同时，辐射的前提条件是对外开放和资源自由流动，而这需要进一步深化改革，扩大开放。

---

① 陈利君：《建设面向南亚东南亚辐射中心的对策建议》，中国社会科学网，2015年7月17日。

3. 它是打造新增长极、加快建设经济新高地的重要着力点。辐射中心一般都是经济发展水平和现代化水平相对较高的地区向相对落后的地区辐射，既包括资本、技术、人才等要素向落后地区流动和转移，又包括思想观念、思维方式、生活习惯、发展模式向落后地区传播。打造面向南亚东南亚的辐射中心就是要使云南成为中国沿边开放发展的新高地，加快向南亚东南亚辐射，以推进合作，提高资源配置效率，促进共同发展。

4. 它是深化经贸合作、实现互利共赢的新平台。近年来，我国始终坚持与邻为善、以邻为伴，坚持睦邻、安邻、富邻，突出亲、诚、惠、容的理念，在国内外产生了广泛而积极的反响。建设南亚东南亚辐射中心，不是只着眼于本国利益和扩大中国的影响，而是同时关切对方的利益、寻找利益交汇点，深化经贸合作，促进共同发展。因此，建设南亚东南亚辐射中心必须统筹国内发展和对外开放，不断提高对外开放水平，积极实施互利共赢的开放战略，在促进自身发展的同时让周边国家共同受益。

（二）战略布局

坚持"深耕周边、拓展欧美、培育新兴市场、联动国内腹地"，推动形成外引内联、双向开放、通江达海、联通两洋的全面开放新格局。积极主动参与中国——中南半岛经济走廊、孟中印缅经济走廊建设以及中国——东盟自由贸易区升级版、澜沧江——湄公河次区域合作。加强与周边国家高层互访、经贸往来、民间交流，密切与周边华人华侨联系，厚植社会和民意基础，深化利益融合，推动在互联互通、投资贸易、产业发展、能源资源和人文交流与合作等领域取得新的突破。拓展与欧美

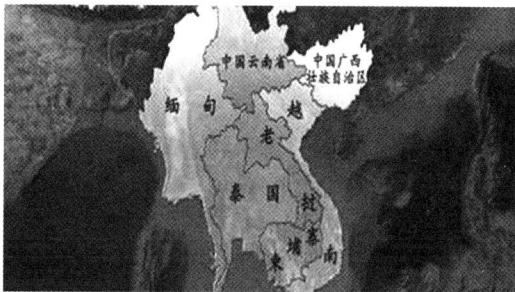

澜沧江—湄公河次区域合作

等发达经济体经济技术合作，着力引进资金、品牌、技术、人才和先进的管理模式。扩大与印度、俄罗斯、巴西、南非等新兴市场国家的交流与合作，加强友好往来、宣传推介、市场推广和咨询服务，扩大贸易往来，推进产能与装备制造合作，推动形成对外贸易新增长点。联动国内腹地，全面融入长江经济带建设，共同打造国家生态文明建设先行示范带、创新驱动带、协调发展带。深化泛珠三角区域合作，积极参与构建区域互动合作机制，加强通道连接、资本引进、市场对接，深度开展资本和产业合作，联合、借力国内

腹地增强对外开放支撑。有机衔接成渝、黔中及北部湾经济区发展，推进珠江——西江经济带、赣湘黔滇和粤桂黔滇高铁经济带、左右江革命老区、文山——百色跨省经济合作区、临海产业园建设。提升滇粤、滇浙等省级合作水平，加强与川渝黔桂藏等周边省（区、市）合作。完善沪滇对口帮扶合作机制，深化产业转移与承接、园区共建、金融发展、科技创新、人才培养等方面合作。深化与香港、澳门和台湾地区的合作发展。

（三）战略支撑

加快推进基础设施互联互通，积极推动国际产能和装备制造合作，在加快我省供给侧结构性改革、实现经济提质增效升级的同时，满足南亚东南亚国家推进工业化、现代化和改善基础设施的迫切需要，有效支撑我国面向南亚东南亚辐射中心建设。

（四）发展目标

到2020年，对内开放与对外开放并举，不断扩大开放与加快自身发展并进，积极打造综合交通枢纽、现代物流枢纽和昆明区域性国际中心城市，通道完善畅通、国内国际生产要素有序流动、资源配置高效、市场深度融合的全面开放新格局基本形成。各类开放平台和开发开放功能区建设取得明显成效，对内对外开放的制度更加完善、体制更加健全，服务和融入国家战略的能力和水平显著提高，与周边国家和地区的交流合作不断深化，成为我国对外开放的新高地。

（五）主要任务

1. 着力建设区域性国际经济贸易中心

依托独特的区位优势，良好的交通物流综合配套设施和口岸，以及与周边国家传统的经贸接触，联动国内长三角、珠三角和成渝经济圈等发达地区市场，进一步完善市场功能体系和市场机构体系，汇集发展要素，拓展发展空间，提升服务层级，培育若干经济增长极、增长带，全面提升区域经济实力，利用与周边国家的经济梯度，构建具有国际国内两种资源市场配置功能、区域经济要素高度聚合、市场环境开放宽松、服务业高度发达的区域性国际经济贸易中心。到2020年，外贸进出口总额达500亿美元。

2. 着力打造区域性科技创新中心

牢牢把握科技进步大方向、产业变革大趋势，深入实施创新驱动发展战略，以集聚国内外创新资源为前提，以培育区域性创新系统为基础，以构建科技创新交流合作平台为支撑，围绕创新资源"引进来"和面向南亚东南亚"走出去"两大主线，对内促进区域协同创新和产业转型升级，对外强化与南亚东南亚科技创新交流合作，在引进消费吸收再创新以及技术的转移、转化、扩散、服务等方面取得重大突破，基本建成创新要素集聚、创新活动活跃、创新合作领先的区域性科技创新中心。

昆明—曼谷公路中国境内终点站云南磨憨口岸

3. 着力打造区域性金融服务中心

以沿边金融综合改革试验区建设为主线，以昆明区域性国际金融中心建设为引领，着力加快金融改革创新，扩大金融对内对外开放，提高金融服务层级和水平，改善金融发展环境，构建多元化的金融组织体系、多层次的金融市场体系、多功能的金融服务体系，在确保跨境资金流动风险可控、监管有序的前提下，扩大人民币跨境使用，显著提升金融在资源配置、服务实体经济和促进投资贸易便利化等方面的支撑能力，基本建成机构集聚、设施完善、功能完备、环境优化的区域性金融服务中心。

4. 着力打造区域性人文交流中心

坚持经济合作和人文交流共同推进，发挥云南边疆地域文化、民族文化、宗教文化和历史文化资源等优势，创新人文交流思路，完善人文交流机制，扩大人文交流领域，通过旅游带动、教育培训、文化贸易、卫生合作、媒体舆论、智力交流和艺术传播等方式，大力开展公共外交和民间交流，营造良好的舆论环境，促进民心相通，努力形成相互支持、相互理解、相互尊重的人文氛围，基本建成公共服务平台完善、文化传播能力较强的区域性人文交流中心。

参考文献

【1】《云南统计年鉴》，北京：中国统计出版社，2016 年版

【2】《云南省情》，昆明：云南人民出版社，2008 年版

【3】朱净宇编著：《云南知识读本》，云南美术出版社，2013 年版

【4】云南省人大、云南省社会科学院民族学研究所编《民族区域自治在云南的成功实践》，民族出版社，2012 年版

【5】人民网：WWW. People. com. cn，2000 年 6 月 13 日 16：36《云南经济情况》

【6】周少青：《云南民族区域自治实践中的协商民主》，《民族研究》2014 年第 3 期

【7】中共云南省委宣传部编：《云南省情问答》，云南民族出版社，2013 年版

【8】云南省人民政府"十二五"、"十三五"规划纲要

【9】中共云南省委第九次党代会报告、第十次党代会报告

【10】云南西部大开发十年：群众受惠最多，经济增速最快，人民网—经济频道，2009 – 12 – 22

【11】《中共中央国务院关于深入实施西部大开发战略的若干意见》，（中发【2010】），2010 年 6 月 29 日

【12】社会主义新农村建设，新华网，2013 – 07 – 01

【13】《国务院关于支持云南省加快建设面向西南开放重要桥头堡的意见》，http：//www. yunnan. cn，2011 – 05 – 27

【14】罗圣荣：《云南跨境经济合作区建设研究》，国际经济合作，2012（6）

【15】泛珠三角区域十大合作领域，泛珠三角区域合作网，2012 – 06 – 26

【16】云南省人民政府办公厅、云南省统计局、国家统计局编《2014 云南领导干部手册》,《2016 云南领导干部手册》,昆明:云南出版集团、云南人民出版社,2014 年版、2016 年版

【17】陈利君:《建设面向南亚东南亚辐射中心的对策建议》,中国社会科学网,2015 年 7 月 17 日

【18】《云南省生态文明建设排头兵规划（2016－2020)》

【19】《云南省建设我国民族团结进步示范区规划（2016－2020)》

后　记

　　党校是党委领导下培养党员领导干部的学校，是党的哲学社会科学研究机构和思想库。作为地方党校，关注本省省情的研究，既是自身的职责所在，也是培养党员领导干部的需要。本书正是本着这一精神和适应党校的相关工作而编写的。本书编写启动于 2014 年 6 月，完成于 2014 年 9 月。全书分为引言—关于省情、印象省情—七彩云南、基本省情—四位一体、现实省情—四个不足、发展省情—四大认知、数字省情—四个方面、比较省情—全国排位、规划省情—重点工作、战略省情—多维透视等九个部分。编写分工情况为：杨铭书主持本书的编写工作，提出编写的指导意见，对书稿进行了修改和审定；陈一之、张昕对书稿提出了修改意见；刘小龙负责书稿的框架设计、统稿、修改和第六章的撰写；陈辞负责书稿的统稿和引言、第八章的撰写；周波负责第一章的撰写；韩斌负责第二章、第三章、第四章的撰写；潘启云负责第五章的撰写；和爱军负责第七章的撰写。本书照片由刘小龙摄影。少数几张照片选自网络。编写组成员职称、职务截止 2014 年 9 月。

　　本书的完成和出版，得益于一些部门、领导、朋友的关心和支持，在此谨向他们表示深切的谢意！同时对参考、引用的文献作者和资料提供单位一并致谢！

　　本书的出版得到了中共云南省委党校、云南行政学院的出版经费资助，在此谨致谢意！

　　本书这次重印，对部分数据和资料进行了修订，但总体框架没有做大的调整。特此说明。

杨铭书

2017 年 6 月于昆明西山